Lisbeth Wutte · Sprachpflege und Wortkultur

Widmung

Obwohl mich das Wort seit meiner Kindheit faszinierte, weiß ich heute, dass ohne meine Kinder und mein Enkelkind meine Beschäftigung mit Sprache einseitig und arm geblieben wäre! Erst mit Cordula, Reinhild, Simeon und Lion entwickelte sich über die Jahre die stete innere Begeisterung und Liebe. Dafür bin ich ihnen zutiefst dankbar und widme ihnen diesen kleinen Band.

Impressum

Herausgeber:
Pädagogische Forschungsstelle
beim Bund der Freien Waldorfschulen e.V.
Wagenburgstraße 6
70184 Stuttgart

Sie finden uns im Internet unter
www.waldorfbuch.de

2. Auflage 2010

ISBN 978-3-940606-15-0

Bildnachweis:
Monika Jakuszeit: Seiten 26, 34, 36, 48, 56, 65, 79, 85, 91
Michaela Kronshage: Titel
Christiane von Königslöw: Seiten 60, 78, 101, 103, 125, 126, 131
Lydia Schweikert: Seiten 120, 138
Petra Thal: Seite 14

Mit freundlicher Genehmigung:
Grafik Seite 22 ‚Lautbeherrschung und Lebensalter' aus dem Buch „Kolonko: Spracherwerb im Kindergarten", Centaurus Verlag
Grafiken Seite 141 ‚Sprachbaum' und Seite 142 ‚Sprachpyramide' aus dem Buch „Wendlandt: Sprachstörungen im Kindesalter", Thieme Verlag

Grafik-Design: Ralf Fröhlich, Essen

Druck und Bindung: Druck- und Medienzentrum Gerlingen GmbH

Sprachpflege und Wortkultur

in der frühen Kindheit

Lisbeth Wutte

mit Beiträgen von Petra Thal

Inhaltsverzeichnis

Seite

Vorwort 8

Einleitung 10

Von Lauten und Silben 12

Zur Förderung phonologischer Bewusstheit 12

Vokale 13

Verse und kleine Gedichte 14

Tipps zur Kollegiums- und Elternarbeit 17

Konsonanten 18

Wann erwirbt das Kind die einzelnen Konsonanten 18

Sprüche und Gedichte 23

Einzelne Konsonantengruppen 23

G oder K wechseln mit D oder T 26

PF/PFL- und SCH-Verbindungen 27

Vielfältige Konsonantenverbindungen 27

Einstimmung und Vorbereitung der Erzieherin in die Welt der Laute, *Beitrag von Petra Thal* 29

Tipps zur Kollegiums- und Elternarbeit 31

Bitte bedenken 32

Silbe und Rhythmus 33

Verse und Gedichte 35

Auszählverse und Sprüche zum Klatschen und Seilspringen 35

Verschiedene Rhythmen 37

Tipps zur Kollegiums- und Elternarbeit 40

Von Worten – Wortschatz und Wortbedeutung 42

Von Worten ... 42
- Unser persönlicher Wortschatz 43
- Wortschatz und Gesellschaft 44
- Heutiger Umgang mit Worten 45
  - Substantiv 46
  - Verb 47
  - Adjektiv 49
- Überflutung mit dem Englischen 50

Der Erwerb der ersten Worte 52

Wortschatzerweiterung und Wortschatzvertiefung 56
- Alle Dinge haben einen Namen 56
- Sprechend den Alltag der Kinder begleiten 58
- Kindersprüche zum Tagesgeschehen 59
- Kindersprüche zum Naturgeschehen 61
- So sprachschöpferisch wie Kinder werden 62
- Haben Sie Mut, selber zu dichten 63
- Kreativ kontern 64

Rückblick 66

Tipps zur Kollegiums- und Elternarbeit 68

Das Wort – Gedanken von Dichtern und Lyrik 70

Vom Satz zum Erzählen 72

Geistigkeit und Sprache 73

Wie ist der Satz aufgebaut 75
- Satzteile 75
- Satzarten 77
- Das Erzählen 78

Wann und wie lernt das Kind Sätze und grammatikalische Regeln 80
Grammatikalische Fertigkeiten fördern 84
Zum Verb 84
Zum Substantiv 86
Zur Präposition 87
Nebensätze 87
Ideen zur Pflege von Satz und Erzählung 89
Mut zu längeren, auch zu verschlungenen Sätzen 89
Handlungsbegleitendes und handlungsersetzendes Sprechen
Beitrag von Petra Thal 90
Begegnung mit unterschiedlichen Sprachstilen: also mit Literatur 92
Zusammenfassung 93
Tipps zur Kollegiums- und Elternarbeit 94
Zwei Übungen aus der Sprachgestaltung 94
Zum „plastischen" Umgang mit dem Satz 94
Satz-Improvisationen 95
Gedanken zum Erzählen 97

Ich und Du: Vom Zuhören und Sprechen 98

Das Gespräch als Begegnung 100
Forschungsergebnisse der linguistischen Kinesik 100
Das soziale Urphänomen 102
Grundlagen der Gesprächskultur 105
Besinnung und Stille 105
Wahrnehmung der Gefühle 106
Stimme und Stimmung 106
Zuhören und die Fähigkeit zu Empathie 109
Spiele und Übungen 110

Kindern den Gesprächsboden bereiten 113
Lärmprävention und Stille 113
Zur Selbstwahrnehmung 114
Zuhören und Empathiegeben 115
Wie entwickelt sich die Gesprächsfähigkeit 116
Beobachtungshilfen 121
Kreis-, Finger- und Puppenspiele 122
Sprachkünstlerische Gestaltungsmöglichkeiten - Rückblick 128
Ausklang 130

Anhang 1
Wie finde ich eine künstlerische Bewegungsgestaltung zu Sprüchen und Versen *Beitrag von Petra Thal* 132
Zwei Beispiele der Bewegungsgestaltung aus dem Laut 132
Umsetzung verwandter Worte in Bewegung 136
Fingerspiele mit Fingerpuppen 137
Puppenspiel 139

Anhang 2
Sprachbaum 141

Anhang 3
Sprachpyramide 142

Anhang 4
Artikulationsübungen zur Kollegiums- und Elternarbeit 143
Literatur 147

Vorwort

Schönster Ausdruck des Menschseins ist die Sprache. Ist sie auf der einen Seite ein selbstständiges und eigenes Wesen – sprechen wir doch auch vom „Sprachgeist" –, tritt durch sie der Mensch, der sie artikuliert, ganz individuell in Erscheinung.

Wilhelm von Humboldt (1767 - 1835) spricht von der „Weltansicht der Sprache" und lenkt mit diesem so treffenden Begriff die Aufmerksamkeit darauf, dass der Mensch durch seine jeweilige Sprache sein Grundverständnis der Welt und seinen Standpunkt in ihr findet. Sprache ist in ihrem Kern nicht nur ein funktionales Kommunikationssystem, sondern durch sie entsteht für den Sprechenden Beziehung zur Welt, zum Leben und zu sich selbst.

Es ist nur allzu verständlich, dass im Zeitalter bewusster Erziehungs- und Bildungskonzepte und zudem bei zunehmenden multikulturellen und damit auch polylingualen Gesellschaftskonstellationen der Umgang mit der Sprache in Kindergarten und Schule eine besondere Wertschätzung erfährt. Wie wenig jedoch die gar nicht hoch genug zu bewertende Bedeutung der Sprachpflege dem Wesen der Sprache und besonders dem des mit der Sprache sich entwickelnden Kindes gerecht werden kann, zeigen Bildungsansätze, nach denen Sprachpflege und Sprachförderung als isolierte Prozesse und Sondermaßnahmen außerhalb des gewöhnlichen Bildungsalltags im Kindergarten erfolgen oder erfolgen sollen.

Sprachperformanz bildet sich nicht durch Maßnahmen, sondern durch ein reichhaltiges Leben, zu dem selbstverständlich eine lebendige und reichhaltige Sprache gehört. Erwachsene, die ein Bewusstsein ihrer Sprache besitzen, die ihre Sprache mit Freude betätigen und die ein Repertoire von Sprachschätzen in Form von Spruch- und Erzählgut haben und entsprechend anwenden können, sind die lebendigen und persönlichen Garanten für die beste und weitestreichende Pflege von kindlicher Sprache und Sprachentwicklung.

In einer prägnanten und für alle mit Kindern sprechenden und lebenden Erwachsenen hilfreichen und interessanten Weise hat Lisbeth Wutte das Wesen der Sprache in diesem Büchlein „Sprachpflege und Wortkultur in der frühen Kindheit“ zum Klingen gebracht. Im Spiegel der Sprache steht vor dem Leser das sich entwickelnde Kind, es zeigt sich ihm aber auch das Wesen Sprache in intimer Weise, und viele Sprach- und Sprechbeispiele, die in der Zusammenstellung und Beziehungsstiftung zu Entwicklungsmomenten des Kindes und des Menschen ein Schatzkästchen sind, animieren unmittelbar, mit der eigenen Sprache wieder experimentierend umzugehen.

Mögen viele Menschen Gelegenheit finden, immer wieder in den Text hereinzuschauen und so eine Unterstützung auf dem Wege erhalten, eine menschen- und respektive kindgemäße Bildungshilfe im Zusammenhang der Sprache und des Sprechens den Kindern bieten zu können, die im Leben und nicht in Maßnahmen begründet ist.

Dr. Wolfgang Saßmannshausen,
für die Internationale Vereinigung der Waldorfkindergärten e.V.,
Region Nordrhein-Westfalen

Einleitung

Die Auswertung der PISA-Studie 2000 brachte für die Elementarpädagogik viele Veränderungen mit sich. Es entstanden in den einzelnen Ländern Bildungsvereinbarungen und Orientierungspläne, bei denen der Stärkung der Sprachkompetenz eine Schlüsselposition zukam. Warum? Unser Schulsystem – so das wachrüttelnde Ergebnis- benachteiligt Kinder mit Migrationshintergrund wegen mangelnder Deutschkenntnisse. Heute, zehn Jahre später, tauchen die Worte Integration und Sprachkenntnis in einem Atemzug auf und Sprachförderung ist eine Selbstverständlichkeit.

Angeregt durch die bildungspolitische Diskussion ist „Sprache" inzwischen in allen gesellschaftlichen Bereichen präsent. Selbst in kleinen Gemeinden gibt es ehrenamtliche Lesepaten, die in Familienzentren Geschichten erzählen und vorlesen. Eltern können z.B. beim Kauf eines Brettspiels gratis zur Spielanleitung ein Begleitheft über die kindliche Sprachentwicklung erhalten, verbunden mit Hinweisen, wie dieses Spiel die Gesprächskompetenz ihres Kindes fördert. Ende 2008 hat die deutsche Bankstiftung 100 000 € für Denk- und Sprachförderprogramme in katholischen Kindergärten in der Region Köln zur Verfügung gestellt. Ja, Sprache bewegt mittlerweile alle!

Bildungspolitisch sieht es so aus, dass in fast allen Bundesländern Verfahren vorliegen, nach denen der Sprachstand jedes Kindes vor der Einschulung festzustellen ist. Hingegen gibt es zur Sprachförderung von staatlicher Seite nur wenige Fortbildungen für Erzieherinnen. Die Handreichungen, die die jeweiligen Ministerien zur Verfügung stellen, haben und hatten für die Praxis kaum Bedeutung. Was den Erzieherinnen angeboten wurde, waren Förderprogramme von sprachwissenschaftlicher und sprachtherapeutischer Seite, die sie erst einmal dankbar angenommen haben. Inzwischen sind diese so angewachsen, dass Kerstin Leuckefeld, Mitarbeiterin im Bereich Sprachförderung am Deutschen Jugendinstitut, folgenden Vortrag für angebracht hielt: Kompass erforderlich! Eine Führung durch den Sprachförderdschungel.

Mittlerweile haben die Erzieherinnen, ihre Einrichtungen und Verbände begonnen, über Sprache, kindliche Sprachentwicklung und Sprachpflege nachzudenken und nach einer eigenen Position zu suchen. Johanna Meißner vom Verband Katholischer Tageseinrichtungen für Kinder formulierte 2009 nach einem Expertengespräch die Situation so: Erzieherinnen brauchen weniger die Einführung in ein spezielles Sprachförderprogramm, sondern vielmehr eine Fortbildung, die ihnen einen Blick auf ihr eigenes Sprachverhalten ermöglicht und Grundbegriffe des kindlichen Spracherwerbs und der Sprachentwicklung vermittelt.

In diesem Sinne entwickelten ab 2006 auch verschiedene Seminare für Waldorfpädagogik, ausgehend von Dortmund und Stuttgart, Weiterbildungsreihen zu Sprache und Sprachpflege in der frühen Kindheit mit folgenden Schwerpunkten:

- Stärkung der Sprachkompetenz der Erzieherin durch sozial-künstlerische Übungen
- Begleitung der Kinder deutscher und nichtdeutscher Muttersprache in ihrer sprachlichen Entwicklung (Beobachtung und Dokumentation, Sprachpflege und -anregung im Kindergartenalltag, Sprechfreude und -gewandtheit durch Verse, Geschichten, Musik und Bewegung in vielfältiger Form).

Zum Kern der Fortbildung gehören vier Bereiche, die sowohl die Grundlage von Sprachbeobachtungsverfahren als auch von Sprachförderungansätzen bilden:

Laut und Silbe (aus Phonologie)
Wortschatz und Wortbedeutung (aus Lexikon und Semantik)
Satz und Erzählen (aus Grammatik)
Gespräch (aus Kommunikation)

Sie sind auch der Inhalt dieser Schrift, die in ihrer zweiten Auflage erscheint.

Eine Veröffentlichung der gesamten Fortbildungsinhalte mit praktischen und künstlerischen Anregungen, insbesondere zu den Themen Mehrsprachigkeit und Therapie ist in Planung.

Nun hoffe ich, dass Sie – neben all den Tipps durch einzelne Sprachförderprogramme – in den folgenden Seiten Anregungen finden, die Ihnen und „ihren" Kindern helfen, die Freude an der Sprache zu wecken und das gesprochene Wort so zu pflegen, dass es ein inniger aber auch ein tatkräftiger Begleiter durch das Leben werden kann.

Lisbeth Wutte

Von Lauten und Silben

Zur Förderung phonologischer Bewusstheit

Von Geburt an ist der Mensch ein soziales Wesen. Er betritt die Welt nicht lautlos, sondern rufend: „Hier bin ich, einer von euch, ein empfindsames Wesen".
Dass der Mensch mit einem Schrei die Welt betritt, heißt nichts anderes, als dass es zum Menschen gehört, sich zu äußern und sich mitzuteilen. Dieses Gesetz, das die bildende Hand der Natur dem Menschen mitgab, formuliert Herder im 18. Jahrhundert so:

> „Empfinde nicht für dich allein: sondern dein Gefühl töne! (...) und werde also von allen wie von einem mitfühlend vernommen!"
> *(Herder, J.G: 1975, S.6)*

So beginnt mit dem ersten Schrei der Weg des Menschen in die Sprache und der Weg des Erwachsenen, die Sprache des Kindes zu verstehen. Über Monate wird der Säugling sich nur „rufend" verständlich machen und die Erwachsenen werden einfühlend hinhören, dass sie in der Ver-LAUT-lichung die Gefühle und Bedürfnisse des Säuglings erkennen lernen. Es entsteht die erste stimmliche Kommunikation, wenn die Mutter z.B. den schreienden Säugling streichelt, aus dem Bettchen hebt und mit weicher Stimme mit Lauten und Worten einhüllt. Indem sich der Säugling sprachlich erkannt und angenommen fühlt, wagt er es, seine Gefühle vertrauensvoll in vielen Variationen „laut tönen" zu lassen. Der Atem wird gekräftigt, die Stimmbänder werden beweglich und der Stimmklang wird so differenziert, dass die Vorstufe der Vokale (A E I O U Ä Ö Ü) und der Diphtonge (EI EU AU), die sogenannten Vokanten, herauszuhören sind. Die Entdeckung der Juchz- und Quietschlaute in den ersten Lebensmonaten bringt zusätzlich Freude und Kraft in die Stimme und erhöht ihre Ausdrucksfähigkeit. Etwa um das erste Lebensjahr kristallisiert sich aus dem A-ähnlichen Vokant der Urlaut A heraus, der z.B. in den Silben papa, mama, ata gesprochen wird. Ab jetzt beginnt das Kind, sich die Muttersprache zu erwerben.

Vokale

In den Vokalen äußert sich unmittelbar die Seele in ihren unterschiedlichen Farben. Vokale sind beweglich, fließend und zart. Vokalen muss ein weiblicher Grund beigelegt werden, sagt Jacob Grimm. Für Ernst Jünger stellt der Vokal den vergänglicheren Stoff des Wortes dar, der uns zufliegt und der keine Anstrengung des Willens erzwingt. Für das Hebräische ist er so anschmiegsam, dass er in der Schriftsprache durch keinen Buchstaben festgehalten wird. Vielleicht liegt es an der Flüchtigkeit des Vokals, dass die Vokalentwicklung beim Spracherwerb selten und meist unvollständig dokumentiert wird. Der Vokal entwickelt sich fließend aus der tönenden Stimme heraus und diese Entwicklung verläuft leise, sanft und fast immer problemlos.

Um den Vokal richtig bilden zu können, muss die Mundhöhle die für den jeweiligen Vokal typische Form bilden. Erst dann kann sich der Vokal voll entfalten. Wenn wir im Kindergarten bei einem Spruch z.B. Wert auf die saubere Aussprache der Vokale legen, ist es wichtig, dass die Erzieherin gut vorspricht, also weiß, **bei welcher Mundstellung der einzelne Vokal rein erklingt.** Bei dem:

A ist der Mund weit geöffnet,
E ist der Mund breit (Lachmund),
I ist der Mund fast geschlossen und die Zungenspitze in Spannung,
O ist der Mund „voll“ und die Lippen sind rund,
U wird der Mund wie eine Röhre und die Lippen sind spitz.

Beim kindlichen Spracherwerb entwickeln sich die Vokale A Ä E und O Ö meistens schnell nacheinander. Hingegen können I und U nach Jacobsen bei manchen Kindern erst am Ende des zweiten Lebensjahres auftauchen. Die Diphtonge entwickeln sich häufig ganz beiläufig, da das Kind gerade durch seine weiche, formbare Stimme spielend einen Mehrklang erzeugen kann, wie das Streichelwort „ei-ei“ oder „wau-wau“ für „Hund“.

Wir Erwachsenen müssen bei der klaren Aussprache der Vokale meistens auf die Lippentätigkeit bei O und U und auf das weite Öffnen des Mundes beim A achten. Die Mundstellung bei E und I ist uns geläufig, da sie unserer gängigen Sprechgewohnheit entspricht.

Verse und kleine Gedichte

Diese Verse können mit Bewegungen in den Reigen eingebaut, in Spiele oder in Alltagssituationen integriert werden.

Die fünf Grundvokale:

Der erst´ erstaunt reißt´s Maul weit auf:	„A"	„Alle sind da!"
Der zweite wie ein Kindlein schreit:	„Weh! Weh"	*(tröstend)*„ohje, ohje"
Der dritte wie ein Mäuslein pfiff:	„siwitt, siwitt"	„igitt, igitt"
Der vierte wie ein Fuhrmann rief:	„oho, oho"	„soso, soso"
Der fünfte gar wie ein Uhu tut:	„uhu, uhu"	„Und nun zur Ruh!"

nach Clemens Brentano

A
(Zauberspruch)
Abracadabra
Rabadacabra
Bradacaraba
Cadarabraba
Rudolf Steiner

U
Tief im Wald der Uhu ruft:
Uhu, uhu, uhu!
Und die Taube gurrt dazu:
Ruckedigu, ruckedigu, ruckedigu.
Christa Slezak-Schindler

U
Mund, rund, gesund,
kund, Hund, Stund,
zund, wund, bunt,
kunterbunt,
Lund,
Fund,
Grund

O
Vor dem Ofen der Koch,
voll von Bohnen der Topf.
Horch wie,s brutzelt und schmort,
brodelt und pocht! Och!
Lisbeth Wutte

Tatata
Tetete
Tititi
Tototo
Tututu
Teiteitei
Tätätä
Tötötö
Teuteuteu

(Durchgang durch die Vokalreihe und einzelne Diphtonge mit einem Konsonanten – das schafft Beweglichkeit im schnellen Wechsel der Mundstellung von Vokal zu Vokal und ist erfrischend zugleich.)

De Linse
Wo sin se?
Im Dippe
Se hippe
Se koche
Hart wie de Knoche.
Deck se zu,
Han se Ruh!
(Aus: Des Knaben Wunderhorn)

In diesem kleinen Gedicht wird der Vokal so eingesetzt, dass sein Stimmungsgehalt eins ist mit der Aussage des Gedichtes.

Tante Klara macht am Abend
manchmal sich ein warmes Bad,
radelt gern und mag Bananen
oder Ananassalat.

Besengret, die Wetterhexe,
hext den Regen, hext den Schnee,
fegt auf ihrem Hexenbesen
Über Felder, Berg und See.

Zipf und Kipf, die beiden Wichtel,
sitzen schon seit Viertel vier
auf dem Fliegenpilz und trinken
Wichtelwein und Wichtelbier.

Oben jodelt, oh wie komisch
Onkel Otto aus Tirol,
hat ein Loch im Hosenboden
Und kocht morgens Rosenkohl.

Unten schlurft durch dunkle Stuben
Urgroßmutter Uhlenfuß,
brummt und braut Rapunzelsuppe,
Wurzelwein und Gurkenmus.

Werner Halle

(Dieses kleine Gedicht kann die Grundlage für ein Rollenspiel sein.)

Pentavokalische Vokabeln

In der Wasserstofffrisur
und der Chlorarsentinktur
wie im Wohnungsinventar
und im Kinosuperstar
in der Limonadenkur
in der Wagenpolitur
und der Antilopenkuh
stecken (A E I O U)

Günther Nehm

(Man kann dieses kleine Gedicht auf ein großes Blatt schreiben und zusammen sprechen, ohne die Vokale am Schluss zu nennen und die Auflösung erraten lassen. Das kann der Auftakt sein, um in die Vokalsprüche einzuführen, die man gerade mit den Kindern macht.)

Wenn näheres Interesse besteht, kann auch der Durchgang der Vokale vom Gaumen zu den Lippen mit den Zwischenvokalen ausprobiert werden:

Lalle im Ost gänöbü uf
A e i o ä ö ü u

Rudolf Steiner

Konsonanten

Wie die Vokale der Sprache Musikalität und klanglichen Reiz verleihen, bringen die Konsonanten Beständigkeit und Struktur. Sie sind für das Werden der Sprache genauso wichtig wie die Vokale. Für Ernst Jünger stellt der Vokal den vergänglicheren Stoff des Wortes dar, in dem die Farbe ruht, während durch den Konsonanten die Zeichnung gegeben ist. Die Vokale drücken unsere Innenwelt aus, in ihnen schwingt die Seele. In den Konsonanten wird das Äußere nachgebildet, d.h. die Welt sprachlich gebaut.

„Ohne sie gäbe es keine artikulierte, keine Gedankensprache, keine bleibenden Formen, keine Sprache, die über das flüchtige Lautwerden von Gefühlen hinausginge. So kann man wohl mit mindestens der gleichen Berechtigung auch das „Lob der Konsonanten" anstimmen (wie es Ernst Jünger für die Vokale tat). Sie verdienen es um so mehr, da sie neben den volltönenden Vokalen eine mehr bescheidene Rolle spielen. In ihrer Namensgebung als Mitlaute, Kon-sonanten (Mittönende) kommt diese, ihre mindere Bewertung, zum Ausdruck, als ob sie nicht für sich stehen könnten, sondern der Anlehnung, des Mitgenommenwerdens durch die *Selbst*laute bedürften. Und doch tritt uns, vertieft man sich einfühlend in das Wesen der Konsonanten, ein außerordentlicher Reichtum an Farbigkeit der Wesenszüge, an Buntheit der Eigenschaften, an Fülle von Gebärden und Motiven entgegen, so dass der innere Reichtum der „Sprache" der Konsonanten in keiner Weise der „Sprache" der Vokale nachsteht." *(Aschenbrenner, Michael: 1975, S.7)*

Wann erwirbt das Kind die einzelnen Konsonanten?

Da beim Neugeborenen der Kehlkopf noch hoch im Rachen sitzt, kann der Säugling gleichzeitig Atmen und Schlucken, was bewirkt, dass der Mund- und Rachenraum nur beschränkt artikulationsfähig ist. So entstehen erst mit der Umgestaltung des Artikulationstraktes zwischen dem 2. und dem 6. Lebensmonat die ersten frühen Lautäußerungen: Vokanten und Klosanten, die Vorfahren der späteren Vokale und Konsonanten.

Vorsprachliche Lautentwicklung:

- Phase der Gurrlaute (g- und k-artige Klosanten) mit etwa 6 bis 8 Wochen,
- Lallphase (m-, b-, k-artige Klosanten) ab etwa 4 Monaten,
- Phase der Silbenverdoppelung („babababa" oder „gagagaga") ab etwa 7 Monaten.
- Phase der Silbenverbindungen (vielfältige Klosant-Vokant-Kombinationen)

Die vorsprachliche Lautentwicklung im ersten Lebensjahr entwickelt sich für alle Kinder der Welt gleich. Sie geht von „hinten" nach „vorne", d. h. sie beginnt mit den gröberen Klosanten im Gaumenbereich, die schon durch eine Bewegung des Unterkiefers entstehen und geht zu den „vorderen" Klosanten, die eine feine Steuerung der Zungenspitze benötigen.

Gegen Ende des ersten Lebensjahres entwickelt sich das Lautrepertoire in Richtung Muttersprache. Das „vorsprachliche" Weltbürgertum des Säuglings, in dem der ganze Kosmos der Sprachlaute angelegt ist, beginnt sich einzuengen. Der Säugling „vergisst" überflüssige Laute und sensibilisiert sich auf die Laute, die in seiner Umgebung gesprochen werden. Etwa mit zwölf Monaten wird im Deutschen häufig als erster Konsonant der Lippenlaut P artikuliert.

Der Erwerb der einzelnen Sprachlaute vollzieht sich nun umgekehrt zur vorsprachlichen Lautentwicklung. Während letztere von „hinten" nach „vorne" geht, vollzieht sich die Aneignung der Konsonanten von „vorne" nach „hinten", also von den Lippen über den ganzen Mundraum zum weichen Gaumen.

- Die erste Konsonantengruppe, die das Kind mit etwa 12 Monaten zu artikulieren beginnt, wird fast ausschließlich mit den Lippen gebildet: m b p (Lippenlaute) und n.

- Mit etwa 18 Monaten kommt eine weitere Konsonantengruppe dazu: w f (Zahnlippenlaute) und d t (Zungenzahnlaute) und eine einfache Form der S- oder Zischlaute.

- Ab dem zweiten Lebensjahr kommt dann die dritte Konsonantengruppe, nämlich k g ch h r (Gaumenlaute).

Mit etwa 2 Jahren beherrscht das Kind im Groben alle Laute der Muttersprache und wesentliche Varianten an stimmlichen Klangfärbungen. Es hat sich in einem relativ kurzen Zeitraum die phonologische Grundlage seiner Muttersprache erworben. Bis zur richtigen Artikulation der Laute braucht das Kind allerdings erheblich länger, so kann die Differenzierung der Zischlaute, nämlich S (stimmhaft und stimmlos), Z und SCH noch bis zu 4. Lebensjahr dauern, bei einzelnen Kinder noch länger.

Die Konsonanten werden also an fünf verschiedenen Orten im Mundraum gebildet, die sich gut zu **drei Artikulationsstellen** zusammenfassen lassen:

Artikulationsstelle der einzelnen Konsonanten

Lippenbereich	m b p w v f
Zahn-Zungenbereich	n d t l r s z sch
Gaumenbereich	ng g k j r ch h

Rudolf Steiner stellt nun einen Zusammenhang her zwischen den drei Artikulationsstellen und den Seelenkräften, indem er die Laute

- der ersten Artikulationsstelle, die **Lippenlaute**, mit der **Empfindung** und dem **Gefühl**,
- die der zweiten Artikulationsstelle, die **Zahn-Zungenlaute**, mit dem **Denken**
- und die der dritten Artikulationsstelle, die **Gaumenlaute**, mit dem **Willen**

in Beziehung setzt. Unter diesem Gesichtspunkt erwirbt sich das Kind zuerst die Konsonanten, die mehr mit dem Gefühlsleben verbunden sind an den Lippen, dann die mehr kräftigen Denklaute d und t und einen vereinfachten S-Laut hinter den Zähnen und geht dann direkt in die starken Willenslaute am Gaumen. Anschließend werden die „scharfen“ S-Laute an der „Denkregion“ differenziert.

Auch benötigen einzelne Kinder länger, bis sie die klanglich verwandten Laute P T K und B D G nicht mehr austauschen, sondern im Wort richtig gebrauchen.

Mit dem Erwerb der Gaumenlaute tauchen oft die ersten einfachen Konsonantenverbindungen (z.B. kn, bl oder gr) auf. Konsonantenverbindungen werden nicht selbstverständlich gesprochen, auch wenn bereits jeder einzelne Konsonant erworben ist. Es braucht Zeit, bis eine Konsonantenverbindung differenziert gehört und richtig artikuliert werden kann. Ganz anders ist es mit dem Diphtong, der ja auch zwei Vokale miteinander verbindet und daher für das Kind schwierig zu sprechen sein müsste. Er entsteht ganz fließend und „wie nebenbei". Die Kinder genießen es, die Vokale musikalisch ineinander übergehen zu lassen, was wiederum den Kinderstimmen den anmutigen und farbigen Klang verleiht.

Da die deutsche Sprache konsonantenintensiv ist, haben wir in einem Wort häufig einen Vokal und drei oder vier Konsonanten, die manchmal auch gehäuft zusammenstehen. Das Sprechen dieser Konsonantenhäufungen, besonders in Verbindung mit den S-Lauten ist der letzte Schritt beim Sprechenlernen und geradezu ein Meisterstück der Artikulation. Worte wie „gespritzt", „Sternenstraße" oder „Pflugschar" (spr str pfl) erfordern auch von uns Erwachsenen Konzentration, Wendigkeit und Kraft. Das Kind eignet sich diese schwierigen Lautverbindungen individuell zwischen dem dritten und fünften Lebensjahr an. Sie sollen natürlich im Kindergarten durch gutes Vorsprechen von der Erzieherin und mit Sprüchen und Gedichten gepflegt und gefördert werden. Beispiele und Anregungen werden in diesem Kapitel noch angeführt.

Wir haben nun die Konsonanten betrachtet, wie sie im Verlauf der Sprachentwicklung vom Kind gesprochen werden und an welchen Artikulationsstellen sie entstehen.

Wir können sie aber auch unter einem ganz anderen Blickwinkel ins Auge fassen. Wenn wir innerlich einzelne Konsonanten nachempfinden, fällt auf, dass sie sich ganz unterschiedlich anfühlen.

- Einige werden kurz, knapp und klar gesprochen *(Stoß- oder Explosivlaute),*
- andere sind sehr eng mit dem Atemstrom verwoben *(Blase- oder Zischlaute),* andere erklingen erst durch den Resonanzraum der Nase *(Nasallaute oder Klinger)*
- und wieder andere leben von einem rhythmischen Vibrieren *(Rhythmische Laute: nämlich der Wellenlaut L und der Luftlaut R).*

Charakteristik der einzelnen Konsonantengruppen

Stoßlaute	B D G *(weich)* P T K *(hart)*
Blaselaute	W S J *(stimmhaft)* F S (Z) SCH (X) CH *(stimmlos)*
Nasallaute	M N NG
Rhythmische Laute	L R

Nicht nur für das Sprechen, sondern auch für das spätere Schreibenlernen, ist es wichtig, dass das Kind einzelne Konsonanten und Konsonantenverbindungen aus dem Sprechstrom herauszufiltern lernt. Das heißt, dass das Kind intuitiv weiß, wann ein Laut, eine Lautverbindung beginnt, wann sie aufhört und welche besondere Intensität sie hat. Um dem Kind diesen Vorgang zu erleichtern, ist es gut, dass die Erzieherin selbst Freude am richtigen Sprechen hat und mit ausgewählten Sprüchen und Gedichten, die Unterscheidungskraft und Artikulationsfähigkeit des Kindes fördert.

Lautbeherrschung und Lebensalter (aus: Grohnfeld 1980, 174)

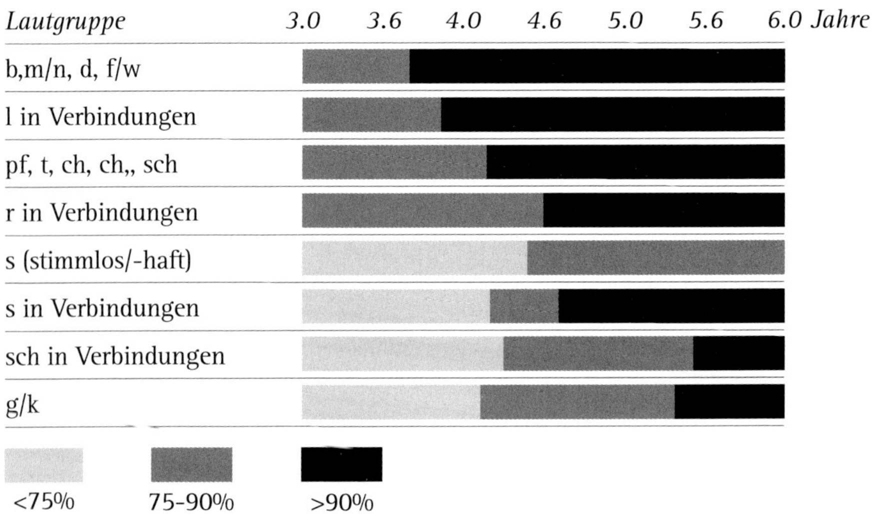

Sprüche und Gedichte

Einzelne Konsonantengruppen

Am besten geeignet sind Verse, die auf eine einfache, aber künstlerische Weise einzelne Laute und Lautverbindungen wiederholen, so dass das Kind diese mehrfach hintereinander hört. In Redewendungen ist uns die Lautwiederholung als Verstärkung geläufig, wie in „Mann und Maus", „Kind und Kegel" oder „Feuer und Flamme". Besonderen Spaß machen den Kindern Sprüche, wenn die Bewegungen und Gebärden der Erzieherin ganz aus der Charakteristik der einzelnen Laute entstanden sind. Gewinnt die Erzieherin ein Verhältnis zu den Lauten, wird sie durch diese selbst in das Gedicht und damit zur künstlerischen Gestaltung hingeführt.

Als kleine Richtschnur kann man festhalten, dass für
die Stoßlaute **klare, abgeschlossene, feste Formen,**
die Blaselaute **fließende Gesten,**
die Nasallaute **ruhige Bewegungen** und
die rhythmischen Laute **gegliederte Bewegungsströme**
charakteristisch sind.
Aber jede bewegte Form ist schön und sprachlich anregend, wenn sie aus der Beschäftigung mit dem Gedicht und den Kindern entstanden ist und sowohl den Kindern als auch der Erzieherin Spaß macht.

Als Anregung eine Reihe von Lautgedichten:

Vielleicht finden Sie das eine oder andere, welches gerade zu ihrer Gruppe oder zu einzelnen Kindern passt. Die Gedichte können in den Reigen eingebaut oder nur gesprochen und gespielt werden.

... kurz, klar, griffig ... und spielerisch

Bi del bidel bideldum
Di del didel dideldum
Fi del fidel fideldum
Ri del ridel rideldum
Si del sidel sideldum

Bi ba bu bei
Nest ist im Ei.
Bi ba bu best
Ei ist im Nest.
Bi ba bu bi
Kikeriki!

Do und dört,
Dinne und dusse,
Dunde und dobe
deckt Gold de Bode.

Öne töne to,
Gapernelle no,
Isabelle, Pumpernelle,
Ibeli bibeli pump

Ja plonga plonga plomm.
Rabau rabau rabomm
Miau miau mihie
Kokürikürikie

Olleke
Bolleke
Renn.
Solleke
Olleke
Bolleke
Knoll.

Pick, pick, horch, ich poch,
hack, hack mir ein Loch,
pick, pick durch die Rinde,
pick, pick und ich finde
den Dicken, den Schläfer,
den fettesten Käfer.

Marguerite Lobeck

... wellig und weich (l) ... rund und rollend (r)

La – la – la – la
Lalalalalala
Llllaallllaallllaallllaallllaaaa

La le lu
hör mir zu:
Bin die Welle, laufe schnelle
La le lu
lalelilo lalelilo lalelilolu.

Christa Slezak-Schindler

Ri ra rullala!
Schau, das Karussell ist da!
Pferdchen rennen trab, trab, trab.
Räder rollen, Reifen springen,
frisch gefüllte Gläser klingen!
Ri ra rullala!
Schau, das Karussell ist da!

Lisbeth Wutte

Mein Wagen hat vier Räder,
vier Räder hat mein Wagen,
rolle, rolle rumerjan,
das wollt ich euch bloß sagen.

... fließend ... luftig

Wl wl wl
walle Welle,
laufe schnelle,
wa we wo
wawewiwo wawewiwo wawewiwowu-
wl wl wlllllll.

Christa Slezak-Schindler

Fi fö fei
Vöglein feines,
fli flö flei
zartes, kleines,
lei lei lei
flieg geschwind,
wie der Wind!
fi fö fei fi fö fei!

Lisbeth Wutte

... säuselnd ... rauschend ... schneidend ... scharf

Ssscchh ssscchh	*(beruhigen von oben nach unten)*
huschhusch	*(aufwecken)*
gsch gsch	*(aufscheuchen)*
pschschhhh	*(wieder beruhigen)*
pssss	*(abbremsen)*
pst	*(zum Stillstand bringen)*

Si Sa Sausewind,
si sa braus geschwind!
Husch durch Gräser hin zum Flusse
und zerzauset das Gesträuch,
durch das Schilf zum morschen Busche,
rasch im Schwung dann hügelwärts.
Si Sa Sausewind,
si sa braus geschwind!

Lisbeth Wutte

Zippzippzee, zippzippzee,
kleine Grille zirpt im Klee,
zippzippzee, zippzippzee.

Christa Slezak-Schindler

Zizibe, zizibe
singt das kleine Zeiserl:
Mir tut nix weh,
mir tut nix weh,
bin zwischen zwei Zweigerl.

nach Alfred Baur

Schz schz schz
Schlänglein mit dem spitzen Zünglein
wohnt im Häuschen ganz aus Stein.
Schz schz schz.

Christa Slezak-Schindler

G oder K wechseln mit D oder T

Da für viele Kinder der Klangunterschied von G / D und von K / T schwer zu hören ist und diese Laute je nach Veranlagung manchmal über lange Zeit untereinander ausgetauscht werden, sind hier einige Sprüche zur Gehörschulung und Artikulationsfestigung aufgeführt.

Kt kt kt
Der Specht, er hackt,
er klopft im Takt:
kt kt kt.
Klopft und trommelt immer noch
und im Baumstamm ist ein Loch.
Kt kt kt.
Christa Slezak-Schindler

Dikedi, dikedi, dikedei
Dukedi, dukedi, daus
und du bist aus.
(Auszählreim)

Die Uhr geht tick,
die Uhr geht tack.
Di-tickerdi-tackerdi
alle Tag.

Herr Uhrendoktor, bitte sehr,
die kleine Uhr, die geht nicht mehr.
Die Uhr macht knick,
die Uhr macht knack
und geht nicht mehr
den ganzen Tag.
Alfred Baur

PF/PFL- und SCH-Verbindungen

PF/PFL

Pfli, pflu, pfla,
Pfifferling ist da,
Pfefferling ist dort.
Biff, buff, baff,
Pfifferling und Pfefferling,
beide sind sie fort.

Alfred Baur

SCHN

Schnick Schnack Schneck
schleich ums Eck.
Schnick Schneck Schnack
noch ein Tag.
Schnack Schneck Schnick
sooo ein Stück.

Alfred Baur

SCH-Verbindungen (für die „Großen")

Schmollen und schmeicheln,
schweifen und schleichen,
schnappen und schneiden,
stürmen und schreien,
stampfen und speien.

Lisbeth Wutte

Zungenbrecher für die „Großen"

Ich steck' mein Kopf
in 'nen kupfernen Topf.
In 'nen kupfernen Topf
steck' ich mein Kopf.

Vielfältige Konsonantenverbindungen

Trippeltrappel trippeltrappel
rum rum rum
klippelklappel klippelklappel
plum bum bum
sausebrause sausebrause aus
schmausebrause schmausesause
aus.

Christa Slezak-Schindler

Rickelrackel
schnickelschnackel
plumm.
Äste krachen,
Gnömchen lachen,
Bienchen machen
sum.

Christa Slezak-Schindler

Heidideldum, heidideldum,
hüpft im Wald der Wicht herum!
Tandaradei, tandaradei,
huscht das Elfenkind vorbei!
Simsalabim, simsalabim,
schwimmt das Fischlein her und hin!
Kladderadatsch, kladderadatsch,
springt das Fröschlein in den Matsch!
Schnurrbidibum, schnurrbidibum,
es fliegt die Hummel mit Gebrumm!
Ruckediguck, ruckediguck,
trinkt das Täubchen einen Schluck
Sumsummesu, sumsummesu,
das Bienchen fliegt der Blume zu!
Tapptappetapp, tapptappetapp,
stampft der Riese Rumpeltrapp!
Lilililei, lilililei,
schaukelt der Schmetterling herbei!
Husch – so keck, husch – so keck,
springt das Eichhörnchen im Geäst.

Hedwig Diestel

Für die „Großen“:

Ein Traktor kommt um die Ecke gerattert.
Man kennt ihn gleich, wie er klappert und knattert
und rüttelt und ruckelt
und zittert und knackt
und schüttelt und zuckelt
und stottert im Takt –
bis unter die Brücke zum dicken Bagger
wackelt der Traktor mit taketataka
taketa-taka taketa-pff
take – pff
take -- aus!
Dann geht der Traktorfahrer nach Haus.

Hans Adolf Halbey

Einstimmung und Vorbereitung der Erzieherin in die Welt der Laute *(Petra Thal)*

Die Erzieherin sollte sich die Zeit nehmen, mit Muße und Freude den Lauten nachzuspüren. Wo sitzen sie im Sprachorganismus? Wie klingen sie zusammen?

Wie verändern sie sich, wenn ein Vokal zwischen Konsonanten eingebettet ist, wenn er souverän am Anfang steht oder am Schluss des Wortes den Ausklang bildet? Welche Bewegungen lassen sich aus den Lauten und Lautverbindungen heraushören und herausfinden?

Beispiele:

aba	baba	babababa ab
ada	dada	dadadada ad
afa	fafa	fafafafafa af
aga	gaga	gagagaga ag
aha	haha	hahahaha ah
aja	jaja	jajajajaja aj
aka	kaka	kakakaka ak
ala	lala	lalalalala al
ama	mama	mamamama am
ana	nana	nananana an
apa	papa	papapapa ap
ara	rara	rararara ar
asa	sasa	sasasasa as
ata	tata	tatatata at
ava	vava	vavavava av
awa	wawa	wawawawa aw
aya	yaya	yayayaya ay
aza	zaza	zazazaza az

bei, dei, fei, gei, hei, jei, kei, lei, mei, nei, pei, quei,
rei, sei, tei, vei, wei, xei, yei, zei.
bein, dein, fein, heim, geil, jein, lein, mein, nein,
pein, quein, rein, sein, teint, verein, wein, zeigen.

Welche Bewegungen entstehen aus der Artikulation? Wie inspirieren sie die Bewegung zu einem Finger-, Handgesten- oder Kreisspiel?

Gibt es Lautverbindungen, die zu einzelnen Kindern passen und welche sind das? Ist es mehr ein kräftiges, anstoßendes Kind, ein träumendes, verspieltes, im Umkreis mitschwingendes oder ein sensibles, stilles Kind? Welche Lautverbindungen stimmen mit welchen Kindern überein? Ergeben sich daraus passende Sprüche für die Kinder?

Beispiele:

Baba Bubele
Haha Hubele
Tata Tubele
Rara Rubele – aus!

Ane Dane
Ene Dene
Ine Dine
One Done
Une Dune – ab!

In welcher Stimmung lebt das Kind im Moment? Kann ich die Stimmung des Kindes aufnehmen und das Kind in eine andere führen? Das traurig Gesprochene „Ach, ach alles ist nass“ (das „Ach“ wird langsam mit sinkender Stimmlage gesprochen) kann sich wandeln ins Heiter-Vergnügte „Ach, ach alles ist nass!“ (das „Ach“ wird kurz mit heller Stimmlage gesprochen) Auch Sprüche können diese Wandlung erfahren:

Mäh, Lämmchen, mäh
dem Lämmchen tut was weh.
Da stieß es an Steinchen,
da tat ihm weh sein Beinchen.
Mäh, Lämmchen, mäh
dem Lämmchen tut was weh!

Oder:
das Lämmchen hat kein Weh!

In der Sprachgestaltung gibt es eine Fülle von Übungen zu Vokalen und Konsonanten. Einige habe ich im Anhang 2 zusammengestellt. Hier eine Übung, die eine besondere Wendigkeit erfordert. Sie lebt vom ständigen Wechsel zwischen den fließenden S-Lauten, dem strengen T und dem bewegten R (TZ/STR/ST).

Hitzige, strahlige stachelige
Sturz strenge Stützen
Straff Netze nützlich als
Stramme Tatzen
Streng gefalzt

Natürlich kann man auch einmal folgendes Gedicht vorstellen:

Lichtung
manche meinen
lechts und rinks
kann man nicht
velwechsern
werch ein Illtum!
Ernst Jandl

Suchen sie gemeinsam nach Fügungen wie:

Bausch und Bogen, dick und dünn, ab und an,
Lug und Trug, fix und fertig, Hinz und Kunz,
schlecht und recht, weit und breit, eh und je,
dumm und dämlich, Knall und Fall...

Oder zur Erheiterung einen Zungenbrecher:

Blaukraut bleibt Blaukraut
und Brautkleid bleibt Brautkleid.

Oder aus Süddeutschland:

Dö Papst hoat's B'steck z'spät b'stellt
(Der Papst hat das Besteck zu spät bestellt.)

Bitte bedenken!

Wir haben nun die Grundbausteine der Sprache betrachtet: die Vokale, die Konsonanten und ihre vielfältigen Verbindungen. Damit diese zum soliden Fundament der Sprache werden können, ist es wichtig, dass Sie als Erzieherin selbst Freude am guten Artikulieren haben und die Muße, sich in das Sprechen der Kinder einzuhören. Dann werden Sie aus dem Angebot der Lautgedichte und Verse die herausfinden, die zu Ihrer Gruppe, zu einzelnen Kindern oder vielleicht auch nur zu einem Kind gut passen. Bitte lassen Sie sich nicht von der Fülle des Angebotes erdrücken! Lassen Sie sich Zeit und wählen Sie vielleicht nur einen Vers aus, der Sie zu Bewegungen und Gesten inspiriert, sprechen Sie diesen ruhig länger oder immer wieder, bis er zu Ihnen und den Kindern wie selbstverständlich dazugehört. Die Vertiefung in einzelne Verse, also Ihr Wachwerden für Sprache wirkt häufig allein schon auf die Sprechfreude und -fähigkeit der Kinder anregend!
Im Waldorfkindergarten haben wir das Glück, dass oftmals eine Eurythmistin mit den Kindern arbeitet. Da diese Arbeit immer auch lautbezogen ist, hilft sie, dass die Kinder die Struktur einzelner Laute erfassen lernen.

Zum Bildungsauftrag des Kindergartens gehört die Sprachpflege, aber nicht die Sprachtherapie. Es ist wichtig, dass Sie ihr Ohr schulen und den Ablauf der Sprachentwicklung so kennen, dass Sie mit den Eltern bei einer Sprachauffälligkeit, z.B. lang anhaltendes Lispeln, im Gespräch sind. Besuchen Kinder eine Sprachtherapie, ist es sowohl für die Sprachtherapeutin, als auch für die Erzieherin bereichernd, wenn eine Zusammenarbeit entsteht.

Silbe und Rhythmus

Wenn wir Menschen sprechen hören, deren Sprache wir nicht verstehen, wundern wir uns immer wieder über den dynamischen Sprechfluss und staunen, wie man in diesem Tempo überhaupt sprechen kann. Erst in solchen Momenten werden wir uns des zeitlichen Verlaufs der Sprache bewusst und erleben, dass wir uns im Sprechen fortlaufend bewegen.
Wenn wir uns in der eigenen Sprache unterhalten, sind wir so mit den zu formulierenden Gedanken beschäftigt, dass wir den Eindruck haben, dass Sprache eher ein fester Raum ist, als ein fließender Zeitstrom. Wenden wir uns aufmerksam dem Strom des Gesprochenen zu, dann erleben wir seine Lebendigkeit. Die Rede ist einem Bach vergleichbar, der über große und kleine Steine springt. Er fließt in ungezählten Wellen nach einer bestimmten Ordnung dahin, lebendig, aber nicht ausufernd oder gar eintönig. Wie alles, was in der Welt lebt, ist auch das strömende Sprechen gestaltet. Aber nach welchem Gesetz?
Der Redefluss erhält seine Struktur durch das rhythmische Fließen der Worte. Jedes Wort, jeder Satz hat einen Rhythmus von langen und kurzen, von betonten und unbetonten Silben. So fließen die Silben eines Satzes in großen und kleinen Wellen dahin.
„Wörter wie »Regen, Sonne, Wolken« strömen **_ v** lang-kurz; »allein, hinaus, erfüllt, geliebt« haben den Rhythmus **v _** kurz-lang. Wörter wie »Straßenbahn, Regensburg, Wirbelwind« strömen **_ v _** lang-kurz-lang. Im Deutschen sind die langen Silben in der Regel auch die betonten, die kurzen die unbetonten.“ *(Baur, Alfred: 1979, S. 81)*

In der gewöhnlichen Rede wechseln daher lange und kurze, betonte und unbetonte Silben beliebig, je nachdem, wie die Sätze gebaut sind. Wenn wir schlampig und schnell sprechen, nehmen wir auf die Silben wenig Rücksicht. Wir verschlucken viele Nachsilben und binden die Vorsilbe schon an die Hauptsilbe, so dass diese in ihrer Eigenständigkeit wegfällt. Dadurch entsteht ein harter, unmelodiöser Sprechstrom, der nicht sehr einladend ist. Wenn es uns (zufällig) gelingt im Silbenstrom, also rhythmisch fließend und nicht nur aussageorientiert zu sprechen, fühlen wir uns erfrischt und aufgebaut. Um diese wohltuende Erfahrung auch an die Kinder weitergeben zu können, kann es hilfreich sein, wenn wir vor dem Erzählen einer kleinen Begebenheit z.B. kurz innezuhalten und uns die Muße gönnen, uns das Geschehen innerlich vorzustellen und den Sprachstrom abzuspüren. Diese Bewusstseinshaltung allein ist oft ausreichend, um mit mehr Ruhe in die Sprache einzutauchen und „rhythmisch beschwingter" erzählen zu können.

Wenn wir ein jüngeres Kind auf dem Schoß haben, können wir ihm ein „Kribbelmärchen" in die Hand erzählen. Wir streicheln beim Sprechen der einzelnen Zeilen die Handinnenfläche oder klatschen auch schon einzelne Silben hinein oder auch jede Silbe, wenn uns der Spruch vertraut ist. Am Ende muss natürlich gekribbelt werden.

Da hast ein Taler,	v – v – v
geh'auf den Markt,	– v v –
kauf dir e Kuh	– v v –
und e Kälbli dazu.	v v – v v –
S Kälbli hat e Schwänzli:	– v v v – v
didel didel dänzli.	v v v v – v

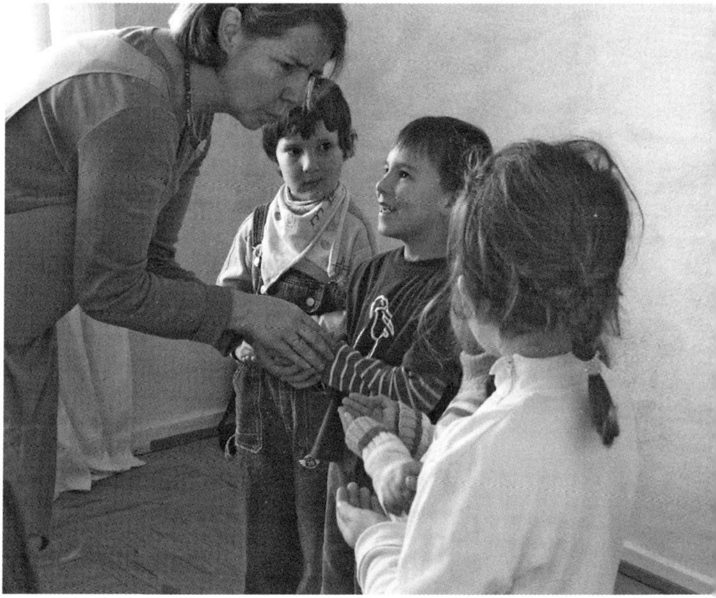

Verse und Gedichte

Im Verlaufe der Sprachentwicklung hat das Kind gelernt, aus dem Sprechstrom einzelne Laute herauszufiltern und dann zu benutzen. Dasselbe geschieht auch mit der Silbe. Der Säugling „erprobt" die erste Silbe bereits in der „Babbelphase" etwa ab dem 7. Lebensmonat, in dem er oft lange Silbenreihen vor sich babbelt und spricht etwa zum ersten Lebensjahr die Silbe als Kombination der eben angelauteten ersten Vokale und Konsonanten, wie „päpä" oder „nana".

Was ist die Silbe? Die Silbe ist eine abgeschlossene Einheit von einem Vokal und mindestens einem Konsonanten. Das Wort wiederum setzt sich mehrheitlich aus Silben zusammen. Wenn wir ein Wort aussprechen, geht unsere Aufmerksamkeit sofort auf den Begriff und die Silben- und Lautfolge verliert für den Erwachsenen an Bedeutung - anders beim Kind. Da das kindliche Sprechen spielerisch, melodiös und suchend ist, lebt die Silbe auch weiterhin eigenständig im Redefluss. Es besteht kein Anliegen, sie der Dominanz der Wortaussage unterzuordnen. Kinder lieben rhythmische Gedichte und Verse, weil sich die Sprache in dieser Form in einem „labilen Gleichgewicht" hält - ohne intellektuelle Einengungen.

Nicht nur, dass das rhythmische Sprechen den Atem stärkt, es ist neben der richtigen Artikulation der Laute wesentlich für den Erwerb der Schriftsprache, insbesondere bei zu erwartender Lese- und Rechtschreibschwäche. Um Lesen und Schreiben zu lernen, muss das Kind die einzelnen Silben erkennen können (Silbenkodierung). Poetisches Sprechen trägt dazu bei – und Kinder lieben es!

Auszählverse und Sprüche zum Klatschen und Seilspringen

Auszählverse und Sprüche zum Klatschen und Seilspringen sind die einfachsten Formen der Silbenkodierung. Es handelt sich hierbei um das bloße Taktieren der Silben.

Auszählvers als kleines Beispiel:

Il – se Bil – se, kei – ner will se,
kam der Koch, nahm sie doch,
weil sie so nach Zwie – bel roch.

Ein, zwei, drei,
ni – ke, na – ke, nei
ni – ke, na – ke, Nuß
und du bist druß.

Spruch beim Seilspringen als kleines Beispiel:

Hen – ri – et – te,
gold – ne Ket – te,
gold – ner Schuh.
Wie alt bist du?
1 2 3 4 5 6.....

Sprüche, die gut geklatscht werden können

Jede Erzieherin hat einige Sprüche, die sie immer wieder in typischen Situationen spricht. Versuchen Sie, ob diese auch leicht Silbe für Silbe mitgeklatscht werden können, wie:

Ge – nau. Ge – nau, du bist so schlau!
oder
Eck – stein, Eck – stein,
al – les will ver – steckt sein.

Silbensprüche können im Reigen und bei Kreisspielen gehüpft, gegangen und geklatscht werden. Zum Auszählen können einzelne Finger, die Zehen oder „besondere" Gegenstände (z. B. ein verzierter Löffel) benutzt werden, um z.B. herauszufinden, wer den Nachtisch verteilen darf...

Es kann auch einmal ein langes Wort gelaufen werden, das ein Kind gehört hat, wie...

Zünd-holz-schach-tel-fa-bri-kant
oder der bekannte
Do-nau-dampf-schiff-fahrts-ka-pi-tän.

Verschiedene Rhythmen

Um die Unterscheidung von langsam und schnell, von kurz und lang einzuführen, ist folgender Achtzeiler beliebt. Die ersten sechs Zeilen werden langsam als Schnecken „gekrochen", die letzten zwei „flink" gelaufen.

Ei, wie langsam, ei, wie langsam
kommt der Schneck von seinem Fleck!
Sieben lange Tage braucht er
von dem Eck ins andre Eck.
Ei, wie langsam, ei, wie langsam
kommt der Schneck im Gras daher!
Potz, da wollt ich anders laufen,
wenn ich so ein Schnecklein wär'.

Jambus und Trochäus

Viele rhythmische Kindergedichte sind entweder im Jambus oder im Trochäus geschrieben.

Der **Jambus** ist der fröhliche, der jugendliche, der steigende Rhythmus:
kurz / lang v _

hopp, hopp, hopp zu Pferd,	v v v v _
wir reiten um die Erd'.	v _ v _ v _
Die Sonne reitet hinterdrein,	v _ v _ v _ v _
wie wird sie abends müde sein.	v _ v _ v _ v _
Hopp, hopp, hopp!	v v v

Dieser kleine Reitervers kann am Anfang als Straßenhüpfer gesprungen, später aus dem Sprechfluss von kurzen und langen Silben heraus gesprochen und, dann wieder von den Kindern auch mit reitenden Bewegungen mitbegleitet werden.

Zu Bett, zu Bett	v _ v _
wer einen Liebsten hätt'.	v _ v _ v _
Wer keinen hätt',	v _ v _
geht auch zu Bett.	v _ v _

Auch hier die jambische Bewegung des Vorwärtsgehens!

Ein weiteres jambisches Gedicht:

Mein kleiner Bruder Ärgerlich	v _ v _ v _ v _
Hat alles, was er will;	v _ v _ v _
Und was er hat, das will er nicht,	v _ v _ v _ v _
und was er will, das hat er nicht.	v _ v _ v _ v _
Mein kleiner Bruder Ärgerlich	v _ v _ v _ v _
der weiß nicht, was er will.	v _ v _ v _

Der **Trochäus** besteht aus einer langen und einer kurzen Silbe: _ v
Der Läufer, so heißt Trochäus auf deutsch, ist ein fallender Rhythmus. Er kommt aus der Weite und verdichtet sich in der Kürze. Die Länge, also die Be"deutung" tragende Silbe, steht am Anfang und drängt in die Tat mittels der „Kürze".

Viele Tröstersprüche sind trochäisch, als wenn sie mit einer großzügigen Bewegung (Länge), das kleine Weh (Kürze) mitnähmen.

Heile, heile Segen,	_ v _ v _ v
dreie Tage Regen,	_ v _ v _ v
dreie Tage Schnee,	_ v _ v _
tut's dem Kind schon nicht mehr weh.	_ v _ v _ v _

Pitsche, patsche Peter,	_ v _ v_ v
hinterm Ofen steht er,	_ v _ v_ v
hinterm Ofen loant er,	_ v _ v_ v
wenn man oschaut woant er.	_ v _ v_ v
(die bayrische Variante)	

Bin ein Schuster	_ v _ v
tief im Duster	_ v _ v
näh ich Schuhe	_ v _ v
ohne Ruhe	_ v _ v
ohne Essen.	_ v _ v
Alles hat die Katz gefressen –	*(hier geht der „träge" Rhythmus*
Pfui!	*in befreiende Prosa über und*
	endet mit einer Interjektion)

Aber auch besonnene Sprüche sind gern trochäisch:

Sonne, Sonne komm hervor — v — v — v —
aus des Himmels goldnem Tor! — v — v — v —
Strahle mich so lange an, — v — v — v —
bis ich selber strahlen kann. — v — v — v —

Hedwig Diestel

Zum Abschluss ein ausgeglichener, schwingender Rhythmus, der auch immer wieder in Versen auftaucht: es ist der **Amphybrachus:**
kurz / lang / kurz **v — v**

Das Kind sitzt auf Ihrem Schoß und Sie schwingen es hin und her:

So fahren die Damen, v — v v — v
so reiten die Herren, v — v v — v
so juckelt der Bauer. v — v v — v
Die Milch wird sauer! v — v — v
(Das Gemütliche hört in der letzten Zeile auf, deshalb auch die Unregelmäßigkeit im Rhythmus)

Drei Rosen im Garten, v — v v — v
drei Tannen im Wald, v — v v —
im Sommer ist's lustig, v — v v — v
im Winter ist's kalt. v — v v —

Sie sitzen schaukelnd in der Postkutsche:
Ein alter v — v
Posthalter v — v
von siebenzig Jahren, v — v v — v
der wollte so gerne v — v v — v
ins Himmelreich fahren. v — v v — v
Die Schimmel, v — v
die Schimmel, v — v
die waren so keck v — v v —
und warfen v — v
den alten v — v
Posthalter v — v
in Dreck. v —
(Jetzt wird es jambisch, das wohlige Schaukeln ist zu Ende.)

Tipps zur Kollegiums- und Elternarbeit

Im Allgemeinen ist weniger Bewusstsein vom Rhythmus der Sprache vorhanden, als von den einzelnen Lauten. Wenn ich in der Elternarbeit spontan nachfragte, was mit rhythmischem Sprechen gemeint sein könnte, kam des Öfteren die Antwort: „Meinen Sie das Leiern beim Gedichtaufsagen?" So hat es sich als sinnvoll erwiesen, erst einmal die Silbe einzuführen.

Anbei kleine Texte von Günther Nehm, bei denen das Verschieben einzelner Silben zu anderen Aussagen führt.

Drohung
Willst du einen Streit *er*wecken,
werd ich meine Streit*er* wecken.

Achtung Diebe
Böse Die*be* klauten Waren,
Böse die *Be*klauten waren.

Pennersorgen
Bei*be*hält *er*: Decke loben
Bei *Be*hält*er* Deckel oben.

Vielleicht gefällt dem Kollegium der Rhythmenvergleich der folgenden zwei Sprachgedichte?

Trochäisch

Was ich tat und was ich tue,
O wie weit ist es vom Wort,
Denn das Wort geht durch die Ruhe,
Und die Ruhe ist mir fort.

Dieses kleine Samenkorn
Ist vom ganzen All gebaut.
Es genügt, beginne vorn:
Bei der Liebe zu dem Laut.

Albert Steffen

Jambisch

Ein Wort, ein Satz –: Aus Chiffren steigen
erkanntes Leben, jäher Sinn.
Die Sonne steht, die Sphären schweigen
und alles ballt sich zu ihm hin.

Ein Wort – ein Glanz, ein Flug, ein Feuer,
ein Flammenwurf, ein Sternenstrich –
und wieder Dunkel, ungeheuer,
im leeren Raum
um Welt und Ich.

Gottfried Benn

Erst durch den Silbenschritt kommt die Sprache in Bewegung. Durch die Rhythmen kommt sie in einen harmonischen Fluss, der nicht nur auf den Atem, sondern auch auf das kindliche Gemüt kräftigend wirkt. Singen und Sprechen vom frühesten Alter an stärken das Kind, wenn es in völliger Freiheit im bloßen Nachahmen mitlebt, ohne irgendeine Forderung nach Reproduktion. Ein Kind kommt sofort und spontan in den Rhythmus hinein, ein anderes hört länger zu und steigt vielleicht ab und zu mit ein. Verschiedene wissenschaftliche Untersuchungen, wie die Studie zur Erzieherqualifizierung der Freien Universität Berlin (2006), haben gezeigt, dass Kinder gut aus vielfältigen Sprachangeboten selektieren können, während ein geringes Angebot schwer aufzufangen ist. „Deshalb ist es wichtig, dass Musik und gepflegte Sprache früh schon ins kindliche Leben hineinragen, weil damit in der Erziehung etwas angelegt wird, was im späteren Leben als Besonnenheit und Tatenfreude erscheinen wird“, schreibt Alfred Baur nach Jahren erfolgreicher Tätigkeit als Sprachtherapeut und Ausbilder.

Von Worten – Wortschatz und Wortbedeutung

Das Wort ist das Ende der Wege Gottes
und der Anfang der Wege des Menschen.
Thomas von Aquin

Von Worten ...

In der Romantik erwacht das Interesse für die eigene Kultur und damit auch für die eigene Sprache. Was verbindet uns Deutsche miteinander? Was sind unsere Wurzeln, unsere Mythen und vielleicht unsere gemeinsamen Träume? Ähnliche Fragen leben im 19. Jahrhundert in ganz Europa. Sie gehen Hand in Hand mit dem Drängen nach politischen Umwälzungen und den ersten demokratischen Bestrebungen. In Deutschland ziehen 1832 rund 30 000 Menschen zum Hambacher Schloss, um für Einheit, Freiheit und Demokratie zu werben. Die Substanz des politischen Erwachens bildet das forschende Interesse an den eigenen Kulturgütern. Clemens Brentano und Achim von Arnim entdecken die Poesie des Kinderreims und die verbindende Kraft der Volkslieder. Sie geben gemeinsam von 1806 an eine Sammlung von 600 Volksliedern heraus - „Des Knaben Wunderhorn".
1812 veröffentlichen die Brüder Jacob und Wilhelm Grimm „durch den Mund des Volkes überliefert" die Kinder- und Hausmärchen. 1819 legt Jacob Grimm den ersten Band seiner „Deutschen Grammatik" vor, den

Grundstein der deutschen Sprachgeschichte und 1837 erhalten die Grimm-Brüder den Auftrag „ein neues, groszes wörterbuch der deutschen Sprache“ abzufassen. 1852 erscheint die erste Lieferung. Sie soll der Beginn eines Jahrhundertwerkes werden, die Aufgabe von mehreren Forschergenerationen. 1946 übernimmt die Deutsche Akademie der Wissenschaften die Leitung und veröffentlicht 1971 den vorläufig letzten von 33 Bänden. Wie viele Worte hat nun die deutsche Sprache? Das Grimmsche Wörterbuch umfasst etwa 100 000 Stichwörter, ebenso ein einsprachiges Wörterbuch der deutschen Standardsprache. Welche Spannweite, sich auszudrücken! Und das nur im Bereich des Grund- und Bildungswortschatzes!

Wenn man die wissenschaftlichen Fachbegriffe und technischen Spezialausdrücke dazu nimmt (allein das bekannte medizinische Nachschlagwerk Pschyrembel hat über 35 000 Eintragungen), liegen die Schätzungen zwischen 400 000 und 800 000 Worten. Eine geradezu astronomische Dimension!

Unser persönlicher Wortschatz

Und jeder Einzelne von uns? Wie viele Worte versteht er? Wie viele Worte benutzt er? Eine anspruchslose Verständigung über Alltagsdinge ist mit 400 bis 800 Wörtern möglich. Es gibt Überlegungen, dass ein Ausländer, der hier leben will, etwa 1000 Worte zur Verfügung haben sollte. Und wir, die wir Deutsch als Muttersprache haben, wie viele Worte sind es, mit denen wir im Laufe eines Lebens umgehen? Jeder von uns verwendet etwa 12 000 bis 16 000 Worte und versteht auf alle Fälle dreimal, wenn nicht sechsmal so viele. Ein Deutscher hat sich mehr als ein Zehntel des allgemeinen Wortschatzes als „seine“ Sprache angeeignet. Die Grundworte verwendet er mit anderen, aber ein kleiner Teil seines Wortschatzes trifft nur auf ihn zu. Dieser persönliche Zuschnitt kann zum Beispiel eine bunte Mischung sein aus der Sprachkultur seiner Herkunftsfamilie, vereinzelten Dialektworten, Slangworten aus dem Kreis von Kollegen, Fachbegriffen aus der Arbeitswelt, Brocken aus einer Cliquensprache und Kunstworten aus der Literatur, die er sich z. B. lesend angeeignet hat. Individueller Wortschatz ist Ausdruck des persönlichen Lebensstils, entnommen dem allgemeinen Wortschatz. Er ist immer fließend und erweiterbar. Er wird uns häufig erst bewusst, wenn wir in eine andere Gegend ziehen oder uns in eine andere Weltanschauung einleben. Wir benötigen dann Zeit, die neue Sprache auf- und anzunehmen.

Wortschatz und Gesellschaft

Auch der Wortschatz als Ganzes ist ständig in Bewegung und spiegelt das gesellschaftliche Leben. Worte entstehen, werden bedeutend, dann wieder unwesentlich und geraten schließlich in Vergessenheit. Es gibt alte und junge Worte; Worte, die wir aus anderen Sprachen übernommen haben; Worte, die gezielt geschaffen und nie angenommen wurden und Worte, die einfach aufgetaucht sind und im Nu in aller Munde waren.
Die deutschen Monatsnamen, um ein Beispiel zu nennen, waren im Zuge des Herausbildens der Hochsprache zu ungenau und nicht attraktiv genug, um sich halten zu können, obwohl sie bereits nach der Zeit Karls des Großen von allen deutschen Provinzen angenommen waren. Plötzlich waren sie verschwunden und nur die lateinischen wurden gesprochen. 1781 versuchte Campe die altdeutschen Monatsnamen, wie Weinmonat (Oktober) oder Christmonat (Dezember) neu zu beleben - ohne Erfolg. Heute erinnern wir uns höchstens noch an den Wonnemonat Mai.
Worte verschwinden, wenn sie nicht griffig genug sind, wie z.B. „federhart“, das sich nicht gegen „elastisch“ behaupten konnte. Worte werden aber auch überflüssig, wenn sich die Lebensschwerpunkte verlagern, so z.B. das Wort „vergrünen“. Wir kennen nur noch „verblühen“. Dieses Wort wenden wir genauso für Blumen wie für Sträucher und Bäume an. Aber wäre es nicht dem Vorgang entsprechender, wenn wir sagen würden: der Forsythienstrauch „vergrünt“, anstatt „verblüht“. Aber das Wort „vergrünen“ gibt es nicht mehr, so muss wohl auch er „verblühen“, wie die Tulpen, die um ihn stehen. Seit der Industrialisierung sind immer mehr Worte zu Natur und zu Naturphänomenen untergegangen, weil die Auseinandersetzung mit den Elementen nicht mehr das zentrale Lebensthema des Menschen war.

Gleichzeitig hat sich unser Wortschatz zur Beschreibung und Erklärung abstrakter Gedanken, Gefühle und Zustände seit dem 18. Jahrhundert ständig erweitert. Ein so wesentliches Wort wie „Weltanschauung“ wurde 1790 von Kant zum ersten Mal benutzt. Klopstock, Wieland, Herder und Goethe, um wichtige Vertreter zu nennen, waren selbst wortschöpferisch und gleichzeitig bemüht, verschollene deutsche Wörter neu zu beleben. So gehören Wielands „Königtum“ und Lessings „bieder“ heute wieder zum lebendigen allgemeinen Wortschatz. Durch die Dichter und Denker der Klassik und Romantik, allen voran Goethe, durch dessen Ausdrucks- und Wortmöglichkeiten die deutsche Sprache „morgenschön“ aufleuchten konnte, wurde sie zu einer der Sprachen der Weltliteratur.

Schon immer war das Deutsche durch seine Wendigkeit zur Beschreibung innerer Vorgänge geeignet und im Vergleich mit anderen Sprachen kaum zu übertreffen. Wortbildungen wie seinsvergessen, leidgezeichnet, hingabefähig oder geisterfüllt sind in vielen Sprachen oft nur sehr umständlich zu umschreiben. Auch Humboldt lobt die deutsche Sprache, weil sie so reich an Materie und grammatikalischer Form ist, „so dichterisch, so bestimmt, und so geschmeidig zugleich, dass sie sich auch den feinsten Wendungen der Phantasie und des Gefühles und dem mannigfaltigsten Periodenbau anschmiegt." *(Humboldt, Wilhelm von, in: Hofmannsthal, Hugo von: 1957, S. 124)*

Trotz dieser guten Bedingungen des Deutschen, innere Belange zu beschreiben, erleben wir uns sprachlich oft hilflos oder besser wortlos, wenn wir feine Wahrnehmungen in der Natur oder im zwischenmenschlichen Bereich ausdrücken sollen. Scheinbar ist unser Bedürfnis nach differenzierter Wahrnehmung und Beschreibung seelisch-geistiger Vorgänge vom Ende des Zweiten Weltkrieges bis jetzt gestiegen. Vielleicht ist dies auch das Ergebnis des Sprachmissbrauchs durch den Nationalsozialismus und der daraus resultierenden Ernüchterung und Skepsis dem Wort gegenüber? Ohne Überschwang und Pathos wollen wir unser Erlebnis mit dem Wort in Einklang bringen. Gleichzeitig ist die Suche nach dem vorsichtig einfühlenden Wort auch von den differenziert psychologisch-spirituellen Erfahrungen, Forschungen und Therapien angeregt. Jetzt ist jeder auf seine Weise gefordert, den „Wortstoff (im Sinne Goethes) so zu kneten", dass durch neue zarte Linien und Wortschöpfungen Geistiges hörbar werden kann, denn „Worte sind - Knospen" *(Edith Seidenzahl)*.

Heutiger Umgang mit Worten

Wenn der Umgang mit dem Wort der Spiegel von gesellschaftlichen Prozessen ist, dann ist es interessant, heutige Sprachgewohnheiten anzuschauen. Diese nimmt in den letzten Jahren besonders gerne der Journalist Bastian Sick unter die Lupe. Sein Buch „Der Dativ ist dem Genitiv sein Tod - Neues aus dem Irrgarten der deutschen Sprache" erschien inzwischen in der dritten Folge und stand lange auf der Spiegel-Bestsellerliste. Bastian Sick hat durch seine vielen Vortragsreisen zu den „großen und kleinen Sprachvergehen in der deutschen Sprache" bereits eine Fangemeinde, der es Spaß macht, über das gefühlte Komma oder verschollene Worte nachzudenken. Ich nehme aus seinen humorvollen Ausführungen nur einige Beispiele heraus, die den Wortschatz betreffen und auch für die Arbeit im Kindergarten Anstöße geben können.

„Verstand, gib mir den wahren Namen der Dinge! [...] Damit mein Wort das Ding selbst sei, von meiner Seele neu geschaffen“ beginnt Juan Ramon Jimenez eines seiner Gedichte. Substantive sind Nomen, indem sie Dinge benennen, helfen sie uns, unser Verhältnis zur Welt zu ordnen. Mit Substantiven erschaffen wir uns die Welt als Gegenüber! Sie sind wie Monumente, die uns in ihrer Bestimmtheit auf uns selbst verweisen, aber an denen wir uns orientieren können.
Dazu die Gedanken von Bastian Sick: „Substantive sind männlich, selbst wenn sie weiblich sind. Sie sind mächtig. Wer mitmischen will da oben, braucht Substantive. Viele. Am besten einen ganzen Koffer voll [...]. Wenn man selber eigentlich keinen Plan hat oder im Zweifel ist, ob man die richtige Entscheidung getroffen hat, kann man seine Unsicherheit durch Errichtung eines Palisanderzauns aus Nomen geschickt verbergen.“ Und er zeigt dann durch Beispiele aus der Politik die Tendenz auf, sich hinter einem Wall von Substantiven zu verstecken, um im Nominalstil Forderungen vermeintlich mehr Objektivität zu verleihen, wie z.B. bei den Vorschlägen zur „Abschmelzung der für Unternehmen des produzierenden Gewerbes und der Landwirtschaft aus Wettbewerbsgründen geschaffenen Begünstigungen“, um nur eine Blüte der gut gedeihenden nominalen Wortgiganten vorzustellen.

Dem „Substantivierungswahn“ sind vor allem Verben ausgeliefert. Dies ist besonders schade, weil gerade sie es sind, die Schwung und Beweglichkeit in die Sprache bringen. Substantiviert tragen auch sie nicht mehr zum besseren Verständnis bei und sind genau so sperrig und hölzern wie andere Nomen.
Kinder werden aus einer substantivierten Sprache ausgeschlossen. Sie wollen sehr wohl die Namen der Dinge wissen, aber nicht vom Nominalstil erdrückt oder niedergeschlagen werden.
Sie lieben Sätze, die von Verben angeführt werden und in die die Nomen sich einfügen können.

„Alle Verben sind sehr fügsam. Sie entstehen von selbst, dadurch, dass die Bewegung entsteht. Sie bewegen sich und lassen sich bewegen. Sie halten alles in Bewegung, auch sich selbst [...]. Sie sind immer auf Wanderschaft und stellen sich immer ganz vorne hin, wenn gefragt und untersucht werden, wenn präzisiert werden soll [...]. So sind alle Verben sehr offen und werden mit Leichtigkeit immer mehr [...]. Insgesamt sind die Verben fluktuierend, so dass man versucht ist zu sagen, dass der ganze Sprachstrom der Strom der Verben ist.“ *(Christensen, Inger: Vortrag. 1992)*
Seit sich der Mensch immer mehr von der Natur abgesondert hat, musste er sich auch ihren elementaren Bewegungen nicht mehr aussetzen. Es ist nicht verwunderlich, dass immer mehr Verben verschwanden, je mehr Menschen anfingen, an Maschinen sitzend in geschlossenen Räumen, abgesondert von der Natur, tätig zu werden. Verben, die fein differenzierte Beobachtungsvorgänge, Geräusche in der Natur oder körperliche Tätigkeiten ausdrücken, wurden vergessen. Dieser Prozess schreitet weiter, da wir durch die modernen Medien noch eingeschränkter werden. Wir brauchen uns kaum noch zu bewegen, weil ja alles steuerbar und „machbar“ ist.

„Deutsch ist die Sprache der Macher und des Machens. Das fängt bei der Geburt an (den ersten Schrei machen) und endet mit dem Tod (den Abgang machen). Dazwischen kann man das Frühstück machen und die Wäsche, einen Schritt nach vorn und zwei zurück, man kann Pause machen, Urlaub oder blau, eine Reise ins Ungewisse und plötzlich Halt; man kann eine gute Figur machen und trotzdem einen schlechten Eindruck; man kann den Anfang machen, seinen Abschluss machen, Karriere machen; man kann drei Kreuze machen, Handstand oder Männchen machen; man kann die Nacht durchmachen, ein Opfer kalt machen, Mäuse, Kies, Kohle und sich ins Hemd machen; man kann andere zur Schnecke machen und sich selbst zum Affen!“ *(Sick, Bastian: 2002, S.49)*

Im Kindergarten Verben anzulegen und nicht nur „machen lassen“, heißt tätig zu werden, selber mit den Kindern blinzeln, äugen, rascheln, brabbeln, juchzen, galoppieren und ab und an stolzieren. Diese Tätigkeiten werden im Tun oder beim Beobachten sprachlich begleitet, so wie man im Alltag über dies und jenes, was man gerade tut, spricht. Es geht nicht darum, pingelig zu erklären, sondern das Tun spielerisch leicht auch in Worte zu fassen. Wie viele unterschiedliche Formen des Zuhörens und Sprechens können z.B. beim Freispiel oder im Garten beobachtet und je nachdem auch besprochen werden! Für Jean Paul ist die Vielfalt der Verben sehr wichtig, weil „sie als Prädikate dem Subjekte als willigsten zulaufen, und sich in jede grammatikalische Einkleidung am leichtesten verteilen, z.B. aus: die jetzige Zeit blüht, wird leicht: sie treibt Blüten, steht in Blüte, steht blühend da, die blühende Zeit, die Blüten der Zeit." *(Paul, Jean aus: Hofmannsthal von, Hugo, 1957, S. 98)*

Eine Fülle von Verben, in der kindlichen Sprache angelegt, ist der Same für einen reichen Sprachschatz als Erwachsener.

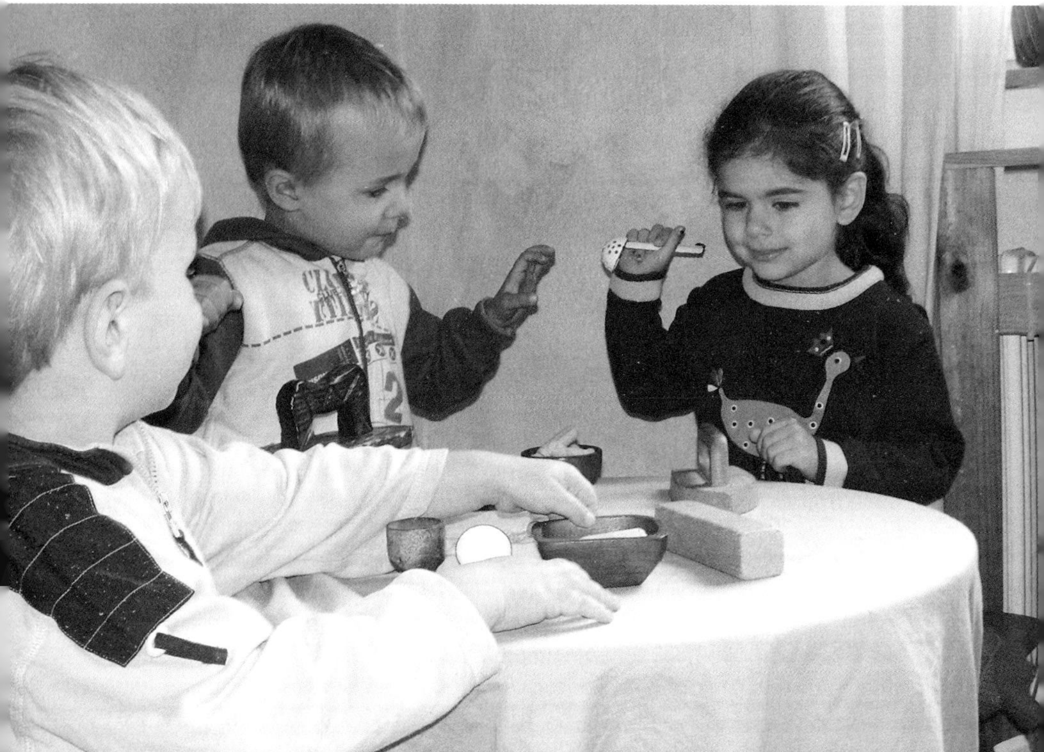

„Adjektive sind sehr hilflos. Sie sind nie so recht etwas an sich. Sie müssen sich Tag für Tag an all die Substantive klammern, die sie finden können. So muss sich blau immer an den Himmel und die Iris des Auges klammern, an Wegwarte, Glockenblume und Kupfersulfat, an die Spiegelung des Himmels in Seen und Meeren.“ *(Christensen, Inger: Vortrag, 1992)*
Adjektive haben immer einen dienenden Charakter, weil sie die Begleiter des Substantivs sind und diese Funktion scheint gegenwärtig etwas frustrierend. Auch bei den Ausführungen von Christensen kann man trotz der feinen Wortwahl eine leichte Enttäuschung erleben. Dabei hat das Verhältnis von Nomen zu Adjektiven einen ganz besonderen Reiz. Substantive können nichts Charakteristisches über sich selbst erzählen. Nur ihre Dienerinnen können das für sie! Adjektive bringen die typische Nuance, das prägnante Gewürz, die Farbe. Adjektive sind das Pünktchen auf dem i. Sie lenken die Aufmerksamkeit und machen neugierig. Nur über Adjektive werden Substantive einmalig.
Das erfordert vom Sprechenden ein genaues Hinhören, Beobachten und Abwägen. Die richtige Auswahl eines Adjektivs braucht Feingefühl, vielleicht sogar Empathie!

Da uns das immer wieder zu anstrengend ist, geben wir den Adjektiven eine andere Dynamik, um sie aus ihrer Hilflosigkeit zu erlösen: Wir steigern sie so gut es geht!
Bastian Sick denkt dazu Folgendes: „Manche Momente sind zu schön, um einfach nur perfekt zu sein, für sie wurde die Steigerung zum »perfektesten Moment« erfunden. Und wo wäre die autofahrende Bevölkerung ohne »aktuellste« Verkehrshinweise? Wahrscheinlich hinter dem Mond. Doch das ist noch gar nichts gegen die Steigerungsfähigkeit des kleinen Wörtchens »optimal«. Wenn es darum geht, Menschen von irgendetwas zu überzeugen, dann ist das Beste einfach nicht bestens genug“... Nein, es muss die optimalste Lösung gefunden werden. Bastian Sick bringt es dann auf den Punkt, wenn er sagt, wahrscheinlich fühlen wir uns erst dann beruhigt, wenn der Schwangerschaftstest in Zukunft positivst und nicht nur einfach positiv ist.

Mit dieser Art zu steigern, gehen wir mit dem Eigenschaftswort genauso um, wie mit dem Verb, wenn wir es auf Biegen und Brechen substantivieren wollen.

Rudolf Steiner geht in seinen Anregungen zum Adjektiv in eine andere Richtung.
Für ihn ist die Beziehung zwischen Adjektiv und Substantiv eng und, wenn er auf das Sprechen des Kleinkindes schaut, beengend. Genauso wie Erwachsene überall auf der Welt mit der Stimme hochgehen und melodiös werden, wenn sie mit Babys sprechen (vielleicht weil wir instinktiv wissen, dass das Gehör des Babys höhere Töne besser aufnehmen kann), so sprechen wir mit Kleinkindern weicher und wählen unsere Worte anders als bei Erwachsenen. Kinder sind gern von einer „runden" Sprache umgeben. „Wenn ich ihnen sage, »da steht ein blasser Mensch«, dann ist es so, wie wenn ich mit einem Hammer haue; sage ich aber: »da steht ein Mensch, der blass ist«, so streichle ich mit der Hand." *(Steiner, Rudolf: GA 310, 1965, 8. Vortrag)*
Für Rudolf Seiner umschmeichelt das Adjektiv das Substantiv, indem es einzelne seiner Qualitäten herausstreicht. Da Kinder das sanfte Ergreifen von Dingen bevorzugen, bringen sie einer Sache viel mehr Verständnis entgegen, wenn das beschreibende Adjektiv in einen Relativsatz verwandelt wird, ähnlich dem vorherigen Beispiel: „Da kommt die fleißige Bäuerin" in: „Die Bäuerin, die so fleißig ist, kommt jetzt zu uns."

Es ist selbstverständlich, dass sich das Kind viele Adjektive im Kindergarten aneignen soll. Und der Kindergartenalltag bietet auch genügend Anregung, von der Spielecke, über die Küche bis hin zum Garten. Das Erobern von Eigenschaftswörtern ist eine Art von Herzensbildung, weil das Kind eine Fülle von Empfindungsqualitäten wahrzunehmen und auszudrücken lernt. Lausch-, Tast-, Geruchs- und Geschmacksspiele eignen sich hierzu besonders.

Überflutung mit dem Englischen

Spätestens mit dem Beginn der „High-Tech-Ära" hat eine Überflutung der deutschen Sprache durch die englische begonnen, die es in der deutschen Sprachgeschichte so noch nicht gegeben hat. Es ist richtig, dass Leibniz nach dem dreißigjährigen Krieg lamentierte, so viele „Wörter-Fremdlinge" in unserer Sprache anzutreffen, wie sonst in einem preußischen Regiment Ausländer - und das war damals immerhin die Hälfte. Aber wie das Englische in den letzten Jahren über uns hereinbricht und ohne nachzudenken angenommen wird, ist schon überwältigend. Es geht nicht um einzelne Worte, wie „Understatement" oder Redewendungen, wie „fit for fun", die das Englische knapp und griffig serviert und die das „hölzerne" Deutsch nicht zu bieten hat, nein, das Englische dringt in alle Lebens-, Arbeits- und Wissensbereiche.

Mit der Globalisierung kam auch die „Globanglisierung" – und machen uns nicht beide zu schaffen?

Immer mehr deutschsprachige Fachzeitschriften und Fachkongresse verlangen von Mitarbeitern und Vortragenden Beiträge in englischer Sprache, selbst wenn das deutschsprachige Publikum überwiegt und die Themen der deutschsprachigen Kultur zugeordnet sind. Was hat ein englischsprachiger Vortrag eines deutschen Gelehrten über Hegels Geschichtsphilosophie oder Goethes Naturbegriff in Berlin oder München für einen Sinn, fragt sich Mathias Schreiber *(Deutsch for sale, Der Spiegel, Nr. 40, 2006)*, und er ist nicht der Einzige, der sich diese Frage stellt!
Ist es nicht erstaunlich, dass so wichtige Dokumente, wie die Beitrittsverhandlungen von Bulgarien und Rumänien in die EU den deutschen Parlamentariern als Volltext nur in Englisch vorgelegt wurden, obwohl Deutsch zu den Arbeitssprachen der EU zählt und die EU immerhin mehr deutsch- als englischsprachige Bürger hat? Durch die Intervention des Bundestagspräsidenten Norbert Lammert hat das EU-Parlament dann die bestehenden Vereinbarungen eingehalten und diese Dokumente auch in Deutsch den Parlamentariern zugänglich gemacht.
Dass sich in vielen technischen Berufen und der Forschung Englisch weltweit durchgesetzt hat, haben wir mehr oder weniger akzeptiert. Daher ist es erfrischend zu lesen, wenn der bekannte Computerwissenschaftler Joseph Weizenbaum von der Harvard Universität den Rückstand der deutschen verglichen mit den amerikanischen Computerwissenschaften auf den schlechten Sprachgebrauch der deutschen Informatiker zurückführt: „Jeder Mensch denkt in seiner eigenen Sprache mit den ihr eigenen Nuancen. Die Sucht vieler Deutscher nach englischen Brocken erzeugt dagegen Spracharmut, Sprachgulasch. Ideen können so nicht entstehen." Und Walter Krämer, der Vorsitzende des Vereins Deutsche Sprache ergänzt: „Wer keine guten Sätze bauen kann, der kann auch keine guten Autos bauen, es ist nicht auszuschließen, dass ein großer Teil der über 50 Milliarden DM, die Daimler Chrysler seit der Einführung von Englisch als Konzernsprache verschwendet hat, auf eben diese Konzernsprache zurückzuführen ist. In der Sprache BSE (Bad Simple English) kann man weder klare noch innovative Gedanken fassen" *(Krämer, Walter: 2003, S.192)*.
Wir wissen nur, dass Mercedes sein Problemkind Chrysler im Frühjahr 07 verkauft hat - aus welchen Gründen auch immer.
Es ist nur zu hoffen, dass wir uns des Wertes der Muttersprache bewusst werden und uns für sie einsetzen, damit es nicht zu einem ebenso bösen Kulturerwachen kommt wie im Kleinen bei der PISA-Studie.

Wenn mein Vater mit mir geht,
dann hat alles einen Namen,
Vogel, Falter, Baum und Blume.
Wenn mein Vater mit mir geht,
ist die Erde nicht mehr stumm.

Kommt die Nacht und kommt das Dunkel
zeigt mein Vater mir die Sterne.
Er weiß, wie die Menschen leben,
weiß, was recht und unrecht ist,
sagt mir, wie ich werden soll.

Josef Guggenmos

Der Erwerb der ersten Worte

Lange bevor das Kind Wörter spricht, hat es angefangen, einzelne zu verstehen, d.h. es hat gelernt, dass Worte etwas benennen oder etwas aussagen. So versteht ein Kind etwa zu seinem **ersten Geburtstag** bereits 50 Wörter und ist dabei, die ersten zu sprechen. Es gibt allerdings „frühe" und „späte" Wortlerner, so dass hier eine große individuelle Spannweite vorliegt. Das Kind verwendet so genannte Protowörter. Diese können spontane Lautmalereien sein, wie „bmbm" für Auto oder „ei", um eine Liebkosung auszudrücken, aber auch Worte, die durch das Artikulationsvermögen der neu erlernten Konsonanten und Vokale möglich wurden, wie „papa", „päpä", „mama", „nana". Protowörter sind noch keine unmittelbare Annäherung an die Erwachsenensprache, sondern Lautkombinationen, die häufig allein stehen, gleich bleiben, meistens in einem bestimmten Zusammenhang und von der Umgebung des Kindes als eigenständige Äußerung verstanden werden. Zusätzlich zu den Protowörtern bemüht sich das Kind, das „echte" Zielwort der Muttersprache zu finden. So ruft Lion (15 Monate) „böhböh", wenn er seine Puppe sucht, „abeii" bei allem was mit einer Tätigkeit und „hei" wenn etwas mit dem heißen Ofen in Beziehung steht. Ein Kind mit 1 1/2 Jahren beherrscht etwa 50 Wörter, vorrangig Nomen.

Etwa im **achtzehnten** Lebensmonat verändert sich die Beziehung zum Wort schlagartig. Die Wendung entsteht dadurch, dass das Kind plötzlich mit

einzelnen Worten nicht mehr ganze Situationen oder einen Zusammenhang beschreibt, sondern das Wort als Wort erkennt, nämlich als Möglichkeit, etwas zu benennen: Dinge haben Namen. Aus dem Protowort „papa“ wird plötzlich unmissverständlich „Papa“. Die **Nennphase** beginnt. Ab diesem Moment sprudelt die Sprache nur so hervor. Ein richtiger „Vokabelspurt“ setzt ein. „Man hat in dieser Zeit oft den Eindruck, als würden die Worte in das Kind hereinregnen, so dass es die einzelnen Tropfen auffängt und sofort weiß, wie mit ihnen umzugehen ist, obwohl niemand es lehrt, wie das zu tun sei.“ *(König, Karl: 1978, S. 37)*
Allerdings sind die ersten Wortbedeutungen oft instabil und unterliegen einem ständigen Bedeutungswandel. So kann das Wort „Ei“ erstmal für alle kleinen und runden Objekte stehen oder für Essbares, wie Kartoffel und Tomaten, bis es im Sinne der Erwachsenensprache richtig angewandt wird.

Ein Kind mit etwa **zwei** Jahren verwendet aktiv 200 bis 300 Wörter und mit zweieinhalb Jahren etwa doppelt so viele – wiederum mit großer individueller Spannweite. Alles in seiner Umgebung offenbart sich ihm neu, indem es benennt und mit freudigem Bewusstsein in Besitz nimmt. „In dieser Epoche erwacht die Sprache zu sich selbst und fängt an, sich in der Kindesseele zu entfalten. Das Kind spielt mit der Sprache und ihren Worten wie mit den schönsten goldenen Bällen, die ihm zugeworfen werden und die von nun an ihm gehören.“ *(König, Karl: 1978, S. 39)*

Das Kind bezeichnet sein unmittelbares Umfeld, wie Menschen, Tiere, Spielzeug und Gegenstände der näheren Umgebung: „Klabette“ (Tablette), „Pitzepatz“ (Spielplatz), „Aato“ (Auto), „Ama“ (Oma), „anana“ (Anhänger), „Eifelus“ (Reißverschluß).
Es wendet Grundformen des sozialen Miteinanders an, wie „danke“, „hallo“ und „winkewinke“, kennt Verben, die mit Bewegung verbunden sind, wie „anzieh'n“ und „heia“ für „schlafen gehen“, aber auch „dede“ für „hupen“ oder das Verb „ham“ für „etwas haben wollen“. Das Kind bezieht die Verhältniswörter „ab“, „auf“ oder „weg“ auf Handlungen oder Ereignisse, z.B. „ab“, wenn es vom Arm herunter will. Es verwendet bereits Eigenschaftswörter wie „lecker“, „gut“, „nna“(naß) und wendet einzelne Farbwörter an. Gegen Ende des zweiten Lebensjahres tauchen die ersten Bezeichnungen für Willenausdrücke und Gefühle auf, wie z. B. das Wort „Angst“.

Zwischen **zwei** und **drei** Jahren ist das Kind ganz in die Sprache eingetaucht. Es hat das wichtige Wörtchen **„Ich“** erworben und bewegt sich inzwischen so souverän und spielerisch im Sprachstrom, dass es beginnt, selbst schöpferisch mit Worten umzugehen. Während sein Wortschatz ständig zunimmt, kreiert es eigene Worte. Die Sprache beginnt, sich durch Kindesmund selbst zu entfalten und auszusprechen. So sagt Jean Paul, dass wir zwar Kinder durch Sprache lehren, aber genauso viel von ihnen über Sprache lernen können, besonders von ihren kühnen und doch richtigen Wortbildungen, wie: Durchsehmann (hinter dem Fernrohr stehend), heruntergespaßt (im Spiel vom Stuhl geschubst) oder Pfeffernüssler (einer, der gerne Pfeffernüsse mag). Ein dreijähriges Kind verwendet (mit einer großen individuellen Spannweite) circa 1000 Worte aktiv und versteht an die 3000 Worte.

Bis zum **vierten** Lebensjahr nehmen der Wortschatz und die schöpferische Gestaltungskraft des Kindes weiter zu, da den meisten Kindern jetzt alle Laute zur Verfügung stehen und verschiedene Satzbildungen möglich sind. So entwickelt sich ein differenziertes Vokabular für Gefühle und innere Prozesse. Es werden Verben angewandt, die sich auf emotionale Vorgänge beziehen, wie „mögen" und „dürfen", aber auch „weinen" und „helfen" und Verben, die geistige Zusammenhänge aufzeigen, wie „glauben", „wissen" und „vergessen". Nun spricht das Kind im Reigen häufig mit. Es verwendet Wörter aus Büchern, Liedern oder Sprüchen und interpretiert sie aus seinem Verständnis - Missverständnisse eingeschlossen. So kann der „...weiße Nebel wunderbar" plötzlich zu „...der weiße Neger Wumbaba" werden, wie Axel Hacke humorvoll in seinem gleichnamigen Buch aufzeigt. *(Hacke, Axel: 2004)*

Bis zur Einschulung wird der Wortschatz immer differenzierter und abstrakte Begriffe werden auf kindlichem Niveau souverän gehandhabt. Es kommt nur noch selten zu kleinen Verschiebungen, wie: „Wirst du in diesem Jahr eingeschult?" - „Nein, ich bin doch erst halb sechs." Das Kind beginnt Sinn für Witz und Humor zu entwickeln, saugt Gespräche von Erwachsenen auf und fragt nach, wenn es Worte nicht versteht.
Man geht davon aus, dass ein monolingualer Schulanfänger rund 5.000 bis 6.000 Wörter gebraucht und rund 10.000 bis 12.000 versteht.
Nur nebenbei: im Fach Englisch werden im Gymnasium in der gesamten Schulzeit ca. 5.000 Wörter gelernt und oft, weiß Gott, wie mühsam!
Man versteht die siebenjährige Frida, wenn sie klagt: „Gott hat die Sprache erfunden. Aber ich weiß nicht, warum er Wörter erfunden hat, die man nicht versteht."

Hinweise zur erzieherischen Begleitung

Kinder wenden verschiedene Strategien an, um Wörter zu lernen. Daher gibt es beim Aufbau des Wortschatzes eine große individuelle Spannbreite in der zeitlichen Abfolge.

- Es gibt Kinder, die beim Worterwerb mehr eine analytische Vorgehensweise haben. Diese Kinder lernen verhältnismäßig schnell viele Worte, da sie sich nahezu „systematisch" Wort für Wort aneignen.
- Andere Kinder hören lange zu und sprechen fast gleichzeitig die ersten Worte mit den ersten Sätzen.
  Sie haben mehr eine ganzheitliche Vorgehensweise und sprechen häufig ganze Geschichten lebensnah betont in einer lautmalerischen Sprache, nur vereinzelt mit muttersprachlichen Worten. Erst im Laufe der Zeit entstehen in diesem Sprechstrom immer mehr „richtige" Worte. Der Wortschatz dieser Kinder wächst langsamer.
- Die meisten Kinder kombinieren individuell diese beiden unterschiedlichen Stile, in dem sie sich einmal mehr der einen, dann der anderen Strategie zuwenden.
  Es ist also wichtig, genau zu beobachten, auf welche Art sich das Kind Wörter erwirbt!
- Zur richtigen Begleitung des kindlichen Worterwerbs durch die Erzieherin ist vielleicht noch ein Forschungsergebnis hilfreich, das Jürgen Dittmann ausführt. Er beschreibt in „Der Spracherwerb des Kindes", dass das Kind nur dann Wörter lernt, wenn die Bezugspersonen Wörter intentional, also mit Bezeichungsabsicht verwenden. "Ein 18 Monate altes Kind übernimmt ein Wort für einen neuen Gegenstand nur dann, wenn jemand das Wort äußert, deren/dessen Aufmerksamkeit ebenfalls auf den Gegenstand gerichtet ist. Schaut die Person in eine andere Richtung oder kommt die Stimme von einem Band, stellt das Kind die Beziehung zwischen Wort und Gegenstand nicht her. Es konnte sogar gezeigt werden, dass schon Dreijährige willkürliche Formen als *Pferd* oder *Lutscher* bezeichnen, wenn sie Anlass zur Annahme haben, dass die Abbildungen mit der Intention gezeichnet wurden, die entsprechenden Objekte darzustellen (...) Es ist deshalb nicht erstaunlich, dass kleine Kinder, die viel fernsehen, nicht zwangsläufig auch einen vielfältigen Bedeutungserwerb zeigen" *(Dittmann, Jürgen: 2006, S. 43)*.
  Ein aussagekräftiges Argument gegen Kindersendungen beim Elterngespräch und gleichzeitig die Aufforderung das eigene Sprechen auf seine Intentionalität hin zu überprüfen!

Wortschatzerweiterung und Wortschatzvertiefung

Alle Dinge haben einen Namen

Wir sollten den Satz: „Nur was man weiß, sieht man“ erweitern zu: „Nur was man benennt, kennt man.“ Die Sinne werden gefordert, wenn Vorgänge und Dinge genau benannt werden. Was kann nicht alles „nähen“ sein? Man kann heften, flicken, umnähen, stopfen, umranden und ausbessern mit Stopf- und Nähnadeln mit verschieden großen Ösen. Was noch alles gebraucht wird? Natürlich Fingerhut, Schere, Nähkissen, Garne und Fäden unterschiedlicher Stärke und Länge. Ja, und welche Farben die erst alle haben! Unendlich viele Dinge sind es, die im Kindergarten benannt sein wollen!

In diesem Zusammenhang hatte meine Tochter ein nettes Erlebnis. Sie beobachtete auf einem VW-Treffen einen jungen Papa mit seinem etwa zweijährigen Sohn. Während beide von Auto zu Auto schlenderten, deutete der Vater ab und zu auf ein Modell und der Zweijährige kommentierte: Passat, Combi, Golf 1, Audi, Golf 2. Nun hatte sich zwischendurch ein Ford eingenistet. Und als der Vater auf ihn deutete, kam: Auto.

Erst über die Bodenseekinder habe ich nach meinem Umzug an den See die Namen der Apfelsorten gelernt, denn in einer Obstgegend ist Apfel nicht einfach Apfel. Es schadet nicht, genau zu benennen!

Ein paar Anregungen:

Mause-Loch
Mause-Zahn
Mause-Haus
Mause-Fell
usw.
Alle spielen Mäuschen. Nacheinander wird jeweils der zweite Teil des Wortes pantomimisch gespielt, und gesprochen. Die Reihenfolge kann natürlich immer wieder geändert und erweitert werden.

In diesem Zusammenhang habe ich auch die Wimmelbücher zu schätzen gelernt, vor allem die großformatigen. In einer kleinen Gruppe können die Kinder Seite für Seite eine Vielzahl von Tätigkeiten und Dingen zu einem Themenbereich (wie Bauernhof, Zoo, Stadt) individuell entdecken und mit eigenen Worten benennen. Selbst als Erwachsener nimmt man in den Abbildungen immer wieder Neues wahr und auch die Dreijährigen finden sicher irgendwo ein Mäuschen, das bisher noch keinem aufgefallen ist.

Noch ein Gedicht für die Phase, in der die „Großen" beginnen, mit Worten frei umzugehen und sie untereinander auszutauschen:

Im Zauberländchen Umgekehrt,
was ist da alles los!
Da sind die Riesen klitzeklein,
die Zwerge riesengroß.

Das Feuer brennt dort eisig kalt,
das Eis knackt feuerheiß,
der Schneemann glitzert rabenschwarz,
der Rabe ist schneeweiß.

Die Buckel stehen kerzengrad,
die Kerzen buckelkrumm,
die Esel reden alle klug,
die Klugen eseldumm.

Die Mäuschen werden teufelswild,
die Teufel mäuschenstill,
die Königin heißt Waldemar,
der König Ilsebill.

Der König hungert bettelarm,
die Bettler sind steinreich,
die Butter formt man eisenhart,
das Eisen butterweich.

Ins Zauberländchen darf nur ein,
wer nicht den Mut verliert,
wer mit den Füßen denken kann
und auf dem Kopf spaziert.

Werner Halle

Sprechend den Alltag der Kinder begleiten

Seit Kontakte durch Chatrooms, Spielekonsolen, das Surfen im Internet, natürlich Fernseh- und Computerspiele und die musikalische Dauerberieselung unser Leben prägend mitbestimmen, also „tonangebend" sind, werden Kinder und Erwachsene zwar ständig mit Klängen und Worten überhäuft, doch selber reden brauchen sie nicht mehr. Aber Sprache entwickelt sich nur durch Sprechen! Es bringt wenig, sich über den mangelnden Wortschatz unserer Kinder zu beklagen, wenn wir nicht anfangen, selber mit ihnen mehr zu sprechen. Der kindliche Wortschatz bildet sich im familiären Redefluss. Wenn er nicht genügend genährt wird, bleibt er schwach oder versiegt.

Am 18.6.1993 berichtete Konrad Adam in der Frankfurter Allgemeinen Zeitung folgendes:
Seit einiger Zeit lässt eine ältere Grundschullehrerin den Unterricht in ihrer ersten Klasse mit einer sonderbaren Lektion beginnen. Sie verlangt von den Sechsjährigen, sich zu erheben, zum Fenster zu gehen, es zu öffnen, dann wieder zu schließen, an ihren Platz zurückzukehren und über das, was sie getan haben, kurz und verständlich zu berichten. Als einige Eltern sich verwundert und leicht vorwurfsvoll nach dem Sinn dieser Übung erkundigten, berief sich die Lehrerin auf neue, ungewohnte Erfahrungen. Die Kinder hätten große Schwierigkeiten, eine Anweisung zu verstehen, sie auszuführen und über das Geschehene Auskunft zu geben. Wer noch in heilen, also inzwischen untypischen Verhältnissen groß geworden sei, könne sich gar nicht vorstellen, in wie vielen Familien heute tage- und wochenlang kein Wort mehr gesprochen werde. Die Fähigkeit zu erzählen und zuzuhören, Argumente gegeneinander abzuwägen und rational zu entscheiden, gehe langsam verloren, von antiquierten Sprachformen wie Lied, Gebet und Zuspruch ganz zu schweigen.

So ist es immer mehr Erziehungsauftrag des Kindergartens, das tägliche Leben mit den Kindern auch sprachlich zu begleiten und zu fördern.

Kindersprüche zum Tagesgeschehen

zum Nähen

Die Nadel sagte:
„Ich
bin so schlank
wie ein Strich.

Ich allein
bin so spitz, bin so fein:
Durch die Maschen,
die engen,
kann ich mich zwängen,
ich bleibe nicht hängen.
Ich ganz allein
schlüpfe aus und ein
und schleppe den Faden
hinter mir drein.

Wie ein Wiesel
schlüpf ich im Nu
ein und aus, aus und ein,
aber du....

Aber du, Schere,
du dicke, du schwere,
du viel zu große,
du nähst im Leben
keinen Knopf an die Hose.
Du...."

„Papperlapapp!"
sagt die Schere.
Sie machte klapp.
Da war der Faden ab.

Josef Guggenmos

wenn der Brei zu heiß ist

Sagt's Männlein im Wald:
„Blas, dann wird's kalt!"

zum Backen

Lustig fängt der Bäcker an,
wenn er Brötchen formen kann.
Schrippen, Wecken, Brezel, Kringel
macht er für den kleinen Schlingel.
Hörnchen, Zipfel, Stangen, Zöpfe
bäckt er für die kleinen Tröpfe.
Vieles hat er ausgeheckt,
dass es Bub und Mädchen schmeckt.

zum Kochen

Koche, brate, backe,
Mehl aus dem Sacke,
Eier aus dem Neste,
dem kleinen Kind das Beste:
Käsebrot und Räucherspeck -
das Hündchen trägt die Schwarte weg.

beim Ballspielen

Der Ball
fliegt geschwind
wie der Wind
von der Hand
an die Wand
von der Wand
in die Hand in
einem fort
von Ort zu Ort.

Mittageruhe

Husch, husch ins Bett!
Hinein in die Federn,
und ohne zu zedern.

nach dem Spaziergang

Händchen kalt, Füßchen kalt,
das ist mir kein Wunder.
Strümpfchen aus, Schühchen aus,
schlupf' bei mir mal unter.

Kindersprüche zum Naturgeschehen

An diese Stelle gehören Gedichte zu Pflanzen, Tieren und den Jahreszeiten, wie:

Ich will euch was erzählen
von der Muhme Mählen.
Die Muhme Mählen
hat einen Garten
und in dem Garten
da steht ein Baum
und auf dem Baum
ist ein Nest
und in dem Nest
liegt ein Ei
und aus dem Ei
schlüpft ein Hahn,
er ruft: "Kikerikie!
Frühling ist hie!"

Die Krähen schreien: „krah und krah!
Hurra, jetzt ist der Winter da!
O weh, hurra! Hurra, o weh!
Jetzt liegt die ganze Welt voll Schnee.

Schneeweiß ist alles fern und nah,
wir aber fliegen schwarz herum.
Und schrien wir nicht krah und krah,
wär alles mäuschenstill und stumm."

Josef Guggenmos

Birkenzweige wiegen sich
still im Abendwinde,
Silberteiche schmiegen sich
zwischen Schilfgewinde.
Fischlein, blitzend zwischen drin
flitzen hin und her und hin

Marguerite Lobeck

Es regnet, es donnert, es blitzt und es kracht!
Wer hat denn das schreckliche Wetter gemacht?
Das machen die Geister
die Regenmeister
die Donnergesellen
die Fürsten
mit hellen Blitzen
sie sitzen
auf Wolkenthronen
und tragen Kronen.

Alfred Baur

So sprachschöpferisch wie Kinder werden!

Wenn man in alten Kindersprüchen sucht (die Sammlung „Allerleirauh“, die Hans Magnus Enzensberger herausgegeben hat, ist immer noch eine Fundgrube), ist man überrascht, dass im Kinderspruch eigentlich alles besprochen wird, auch unangenehme, selbst politische Angelegenheiten. Der Kinderspruch ist keine Verniedlichung der Welt für die „Kleinen“, sondern formuliert Erfahrungen, die Erwachsene mit Kindern gemeinsam machen. Er gehört beiden! Nur ist der Kinderspruch nicht intellektuell, sondern poetisch, so dass Kinderherzen ihn aufnehmen können und die „Großen“ leichter und freier gestimmt werden.
Die folgenden Sprüche sind keine Empfehlung für den Kindergartenalltag, sondern sollen zeigen, wie damals ein Problem direkt benannt und vor keiner Thematik zurückgescheut wurde.

etwas Historisches, um sich eine Vorstellung zu bilden

Tell, Tell, Tell,
trotziger Rebell,
schießt deim liebsten Kind
einen Apfel ab dem Grind.

oder bei Enttäuschung und Wut

Michel,
hol´ die Sichel,
geh´ auf den Acker,
schneid wacker,
hau hoch, hau nieder,
komm dein Leben nicht wieder!

„Familienfreude“

Lott is dot, Lott is dot,
Jule liggt in Starben.
Dat is got, dat is got,
kriegt wi wat to arben!

Lebensphilosophie

Trink ich, so hink ich,
Trink ich nicht, so hink ich doch.
So will ich lieber trinken
und hinken,
als nicht trinken
und doch hinken.

Haben Sie Mut, selber zu dichten!

Wenn man diese alten Sprüche liest, wird man ermutigt, nicht stumm zu bleiben, wenn ein Kind heute Verlust, Trennung oder Zerrissenheit erfährt, sondern die eigenen Empfindungen und Wünsche niederzuschreiben. Und sei es erst einmal für sich selbst!

nach der Trennung der Eltern

Das Flüglein gestutzt,
das Hemdchen zu kurz,
durch das Haus der Wind –
Gott segne dich, Kind!

für ein psychisch krankes Kind

Von weißen Blüten übersät,
ein Apfelbäumchen,
schlank und licht,
so seh' ich dich!

oder das Gedicht zu den Träumen von Michael Ende

Ene bene substrahene!
Keine Angst und keine Träne!
Schon ist alles nicht mehr schwer.
Böse Träume lasst euch sagen:
Euch kann jedes Kind verjagen!
Kommt nur ja nicht zu mir her!
Um ein Ende euch zu machen,
brauch' ich ja nur aufzuwachen
und schon gibt es euch nicht mehr!
Soll ich euch nicht so behandeln,
müsst ihr euch sofort verwandeln:
Gute Träume mag ich sehr!
Seid ihr gut, dann dürft ihr bleiben.
Seid ihr bös, wird euch vertreiben:
Ene bene Timpe teer!

Kreativ kontern!

In der Kindergartenzeit ist der Mensch so wortschöpferisch wie nie mehr in seinem Leben.
Er geht in der Sprache spazieren und die Worte fallen ihm einfach zu. Das Kind erwartet von uns, dass wir genau so beweglich sind, wie es selber und nicht nur kurz angebunden wie: „Bleib sitzen“, „Zieh die Schuhe an“ oder „Das sagt man nicht“.

Nun ein paar Gedichte für schwierige Situationen, um kreativ kontern zu können, z.B. bei Geschrei und wenn Schimpfwörter überhand nehmen. Das geht meistens nur, wenn die Kinder die Sprüche kennen. Dann helfen sie auch in der Akutsituation. Denn schon bei den ersten Worten und am Stimmklang wissen alle, was jetzt gemeint ist....

Krokodil und Krokodil,
erstens brüll ich, wann ich will!
Krokodil und Krokodiller,
zweitens brüll ich immer schriller!
Krokodiller, Riesenzahn,
drittens fange ich erst an!
Riesenzahn und Krokodil,
nachher bin ich wieder still.
Gerald Jatzek

Nicht so hitzig, nicht so spritzig,
nicht so spitzig, bist nicht witzig!
Bleib ein bissel still!

Plapper, plapper, Mäuschen,
jetzt ein Päuschen!

Potzblitz wilder Fritz!
Und der brave Frieder,
kommt der auch gleich wieder?

Du sechsmal ums Salzfass gewickelter Heringsschwanz!
Du viermal im Mehlpott gepökelter Krengeldanz!
Kropfbeißer, Kratzknacker, du hinkende Maus!
Sumpfdotter, Putzklopper, du zwickende Laus!
'ne Heulbeule bist, verdrück dich mit Soße!
Und ich geb' dir Quark mit Musik auf die Hose!
Du Giftwanstfresser, ich puste dich weg!
Und ich hol meinen Bruder,
der spuckt mit Dreck...

Ihr Kinder, wir müssen nach Hause gehen!
Och, Mutti, wir spielen doch grad so schön.

Hans Adolf Halbey

Rückblick

Im Bereich Wortschatzerweiterung und Wortschatzvertiefung gibt es viele Möglichkeiten mit Sprüchen umzugehen.

- Beim ersten Spruch, der aufgeführt wurde, stand ein Wort im Mittelpunkt. In unserem Beispiel war es „Maus". Welche anderen Worte gliedern sich an das Wort „Maus" an? Mause-Loch, Mause-Fell usw. Welche Form finde ich, dass das Kind Freude hat, neue „Mauseworte" aus der Bewegung heraus spielerisch zu entdecken?

- Indem ich genau und differenziert benenne, lernt das Kind gut zu beobachten. Der Bäcker bäckt eben nicht nur Brötchen, sondern: „Schrippen, Wecken, Brezel, Kringel macht er für die kleinen Schlingel".
  Die Bedeutungsunterschiede von ähnlichen Worten können durch die genaue Bewegungsgestaltung sichtbar gemacht werden.. Eine Anregung dazu wird Petra Thal zur künstlerischen Umsetzung der Worte: „Tür" und „Tor" in drei Gedichten geben (Anhang 1)

- Kinder lieben es mit Worten und ihren Bedeutungen zu spielen. Wie wird die Phantasie freigesetzt und welch heitere Atmosphäre entsteht, wenn „Riesen klitzeklein und Zwerge riesengroß werden"!

- Worte schaffen Bilder! Seelische Erlebnisse, Tätigkeiten des Alltages oder Geschehnisse in der Natur künstlerisch wiedergegeben, z. B. in einem kleinen Gedicht, schaffen eine so „erhöhte" Atmosphäre, dass das Kind lernt, der Welt mit freudiger Offenheit zu begegnen. Poesie verzaubert das Leben!

- Die Kinder erweitern durch Gedichte ihren Wortschatz:
  Silberteich, Schilfgewinde, Muhme, Regenmeister, Donnergesellen, Schwarte...

- Indem die Erwachsenen Worte kreieren, wird der sprachschöpferische Impuls der Kinder weiter angeregt. Als Beispiel einige „besondere" Schimpfwörter:
  Kropfbeißer, Kratzknacker, du hinkende Maus!
  Sumpfdotter, Putzklopper, du zwickende Laus!

Indem wir etwas benennen, wird das Benannte aus dem Ganzen ausgegliedert. Es steht für sich allein. Worte „zergliedern" die Sprache und haben schnell die Tendenz „dinghaft" zu werden. Da das kleine Kind in einer „blumigen" Sprache lebt, ist es wichtig, dass auch unsere Worte bildhaft sind, damit sie die Phantasie des Kindes bereichern können.

- Es soll Spaß machen, sich mit Worten zu beschäftigen:
  Wie viele Worte fallen dem Kreis in einer Minute (z.B. für „streiten" oder für „schön") ein?

- Schlagen Sie ein Wörterbuch auf, greifen ein ungewöhnliches Wort, wie „Vanadium", „Kokolores" oder „Süßholzraspler" heraus und geben jedem Anwesenden etwa 5 bis 10 Minuten Zeit, eine Definition dieses Wortes (so wie er es eben versteht) für ein Lexikon zu schreiben. Es ist immer erheiternd, sich die einzelnen Definitionen vorzustellen und dann nachzulesen, was das Wort wirklich bedeutet.

- Nehmen Sie einen Würfel und kleben auf jede Seite jeweils einen oder zwei Laute (z.B.: kl, es, t, schn, ro, bi, am). Nun wird eine Sanduhr aufgestellt und gewürfelt. Wie viele Worte fallen der Gruppe mit den jeweiligen Anfangsbuchstaben ein? Wenn eine Kombination wiederholt gewürfelt wird, müssen neue Worte gefunden werden.

- Wort oder Unwort des Jahres? Was sagen Sie dazu?
  2007 Klimakatastrophe
  2006 Fanmeile,
  2005 Entlassungsproduktivität,
  2004 Hartz IV und Humankapital,
  2002 Teuro und Ich-AG,
  2000 Schwarzgeldaffäre,
  1999 Millenium,
  1997 Wohlstandsmüll,
  1993 Besserwessi,
  1989 Reisefreiheit.

- Was können z. B. folgende untergegangenen Worte bedeutet haben? Raten Sie!

Klinge	*(sehr enge Talschlucht),*
schlägefaul	*(abgehärtet gegen Schläge sein),*
flauen	*(Wäsche im kalten Wasser spülen),*
Federleser	*(Schmeichler: einem Höhergestellten die Federn von der Kleidung lesen),*
sauersichtig	*(unerfreulich),*
Wahlkind	*(Adoptivkind),*
Zungenheld	*(Prahler).*

- Hier einige deutsche Worte, die in andere Sprachen aufgenommen wurden:

„schubladise“	*- französisch für: auf die lange Bank schieben (in die Schublade eben),*
„Schadenfreude“	*- im Englischen inzwischen häufiger verwendet als malicious joy, der exotische Klang scheint die Aussage noch zu unterstreichen,*
„ueber“	*- verwenden amerikanische Teenager, so wie deutsche „super“ oder „geil“,*
„Leitmotiv“	*- wird etwas abgewandelt in spanisch und französisch verwendet und*
„Weltanschauung“	*- scheint für einige Sprachen nicht übersetzbar zu sein und taucht sowohl im Spanischen, wie im Französischen in deutsch auf.*

  Warum die Franzosen „Waldsterben“ übernommen haben, soll allerdings keinen sprachlichen sondern einen ökologischen Grund haben, nämlich den, dass „Waldsterben“ ein deutsches Problem sei.

- Geht die Zahl der Eskimo-Wörter für Schnee auf unendlich?
  Der Inuit-Experte Tony Woodbury kam zu dem Ergebnis, dass es allein 15 Wortstämme in Yupik gibt, die mit Schnee zu tun haben, wobei Yupik nur von 100 000 Inuit in Alaska gesprochen wird!

- Aber auch in Deutschland gibt es für einen abgenagten Apfel zum Beispiel, den man normalerweise achtlos wegwirft, mehr Begriffe, als es Automodelle auf unseren Straßen gibt.
  Nur zwischendurch: Wissen Sie, wie dieses „Ding“ da heißt, das Ihnen die Verkäuferin gibt, wenn Sie Ihre Ware von der, die dem Kunden vor Ihnen gehört, abgrenzen wollen?
  Dieses „Ding“ interessiert uns weitaus weniger, als ein Appelknust oder Eppelbutze!
  Wir benennen eben nur, was uns wichtig ist! Und alles Essbare, auch wenn es schon abgenagt ist, scheint uns nennenswerter zu sein, als ein „Warentrenner“.

Das Wort – Gedanken von Dichtern und Lyrik

Ein Gedicht, aus Worten gemacht.
Wo kommen die Worte her?
Aus den Fugen wie Asseln,
Aus dem Maistrauch wie Blüten,
Aus dem Feuer wie Pfiffe,
Was mir zufällt, nehm ich,

Es zu kämmen gegen den Strich,
Es zu paaren widernatürlich,
Es nackt zu scheren,
In Lauge zu waschen
Mein Wort

Meine Taube, mein Fremdling,
Von den Lippen zerrissen,
Vom Atem gestoßen,
In den Flugsand geschrieben

Mit seinesgleichen
Mit seinesungleichen

Zeile für Zeile,
Meine eigene Wüste
Zeile für Zeile
Mein Paradies.

M. L. Kaschnitz

Macht der Worte

Worte decken sachte
Viele Dinge zu.
Manches Wort schon brachte
Manchen Gram zur Ruh.

Manches Dunkle hellte,
So ich davon sprach.
Manch Gedanke schnellte
Hoch und wurde wach.

Laute oder leise
Worte nah und fern
Ziehen ihre Kreise
Hoch von Stern zu Stern.

Worte sind wie Wesen
Die in deiner Macht.
Alle sind erlesen,
Gib auf alle Acht.

Martin Beheim-Schwarzbach

Das Wort ist ein Fächer!
Zwischen den Stäben
blicken ein paar schöne Augen hervor.
Der Fächer ist nur ein lieblicher Flor;
er verdeckt mir zwar das Gesicht,
aber das Mädchen verbirgt er nicht,
weil das Schönste, was sie besitzt,
das Auge mir ins Auge blitzt.

Goethe, Divan, Buch Hafis

Ich fürchte mich so vor der Menschen Wort

Ich fürchte mich so vor der Menschen Wort.
Sie sprechen alles so deutlich aus:
Und dieses heißt Hund, und jenes heißt Haus,
und hier ist Beginn, und das Ende ist dort.

Mich bangt auch ihr Sinn, ihr Spiel mit dem Spott,
sie wissen alles, was wird und war;
kein Berg ist ihnen mehr wunderbar;
ihr Garten und Gut grenzt grade an Gott.

Ich will immer warnen und wehren: Bleibt fern.
Die Dinge singen hör ich so gern.
Ihr rührt sie an: Sie sind starr und stumm.
Ihr bringt mir alle die Dinge um.

Rainer Maria Rilke

So reich springen aus dem Boden unserer Sprache Worte wie neue Quellstrahlen auf, wohin der Schriftsteller nur tritt, dass er fast mehr zu meiden, als zu suchen hat, und dass er oft im feurigen Gange der Arbeit kaum weiß, dass er ein neues Wort geschaffen. Diese Verwechslung eines neuen mit einem alten, dieses ungesuchte Entgegenschlüpfen führt auch zugleich den Beweis für den Wert eines neuen Worts; sogar Kindern entfliegen unbewusst neue sprachrechte Wörter,...dass ein kleines Mädchen, da von Fernglas und Vergrößerungsglas die Rede war, bemerkte, man sollte statt des letzten sagen, Naheglas.

Jean Paul

Vom Satz zum Erzählen

Sprache gibt ein sinnliches Bild des Übersinnlichen,
bloß mit der Bemerkung, dass ein solches Bild sei;
wer zur Sprache selbst kommen will,
muss nach der ihm durch das Bild angegebenen Regel
sein eigenes geistiges Werkzeug in Bewegung setzen.

Immanuel Hartmann von Fichte

„Linguistische Beiträge zur Untersuchung des Geistes" war der Titel der drei Vorlesungen, die Noam Chomsky 1967 an der Universität von Berkeley gehalten hat. Er warf damit der strukturellen Linguistik und den angrenzenden Disziplinen entschlossen den Fehdehandschuh zu, deren Blick sich einseitig im fleißigen Sammeln und Ordnen linguistischer Phänomene verloren hatte und richtete den Blick weg vom „Was-Material" wieder hin zu grundsätzlichen Fragen. In der dritten Vorlesung geht er, wie er selbst sagt, so weit, dass er spekulative Erörterungen zwischen Linguistik und Untersuchungen des Geistes führt, und zwar so provokant, dass das Studium von Sprache und Geist in den kommenden Jahren nicht mehr übergangen werden kann. Das ist auch eingetreten! Seit den siebziger Jahren ist diese Fragestellung in linguistischen Kreisen immer gegenwärtig.

Zeitgleich beginnen die Forschungen in Kinesik, Mikrokinesik und linguistischer Kinesik (Erforschung sprachbezogener Körperbewegungen), die manchmal selbst für die Forscher überraschende Ergebnisse zu Tage brachten. So kann William S. Condon nachweisen, dass schon bei Säuglingen das behavioristische Modell des passiven Empfängers von Sprechsignalen nicht greift, sondern dass bereits das Neugeborene eine angeborene, ungelernte Fähigkeit mitbringt, von Anfang an auf Sprache zu reagieren. Folglich bringt der Mensch eine (wie auch immer geartete) Fähigkeit zur Sprache von Geburt an mit!

Ähnliche Ergebnisse bestätigte die Hirnforschung, die von den USA ausgehend, seit den neunziger Jahren verstärkt auch in Deutschland zu verblüffenden Ergebnissen kam.
Nur ein Beispiel, das Manfred Spitzer immer wieder in Vorträgen aufführt. Werden einem sieben Monate altem Baby wiederholend folgende Lautkombinationen vorgesprochen: lalila, dodedo, susasu, mimami *(nach dem Muster: aba)*, dann hört das Baby interessiert zu, bis es das Gesetz erfasst hat; ist das geschehen, beschäftigt sich das Baby mit etwas anderem. Ändern sich aber die Lautkombinationen in: lelali, sosase, nunani *(das Muster: aba wird vom Muster: abc abgelöst)*, dann hört das Baby wieder solange zu, bis es auch dieses Gesetz kennt. Was also ist in einem sieben Monate alten Baby veranlagt, dass es Sprachmuster nach einer bestimmten Regel erkennen kann?

Es ist nicht überraschend, dass solche Fragen nicht in der eigenen Disziplin beantwortet werden können, sondern die Zusammenarbeit mit anderen geradezu fordern. Das geschieht auch und erweist sich als sinnvoll. So erhielt Manfred Spitzer, der Leiter des „Transferzentrums für Neurowissenschaften und Lernen" 2002 den Preis der Cogito-Foundation zur Förderung der Zusammenarbeit von Geistes- und Naturwissenschaften.

Diese Vernetzung hatte Chomsky in den siebziger Jahren eingeleitet, da für ihn das Studium der Sprache logischerweise und zwangsläufig das Studium des menschlichen Geistes ist.

Geistigkeit und Sprache

> „Das Studium der Sprachen des Erdbodens ist also die Weltgeschichte der Gedanken und Empfindungen der Menschheit."
>
> *Wilhelm von Humboldt*

Mit dem 18. Jahrhundert erwachte in Deutschland, vor allem durch Herder inspiriert, in allen Wissensbereichen das Interesse an Sprache und führte zur Geburt der Sprachwissenschaften.
Jacob Grimm erforschte vor allem die Geschichte und die Grammatik der deutschen Sprache. Da er Hebräisch, Griechisch und Latein sprach, konnte er gut die Eigenwertigkeit des Deutschen herausarbeiten und mit historischen Sprachquellen vergleichen. Schlegel erweiterte die Sprachforschungen

ins Sanskrit. 1816 gelang es dann Franz Bopp die Verwandtschaftsverhältnisse zwischen dem Altindischen und dem Germanischen wissenschaftlich zu untermauern. Über den Dichter und Philologen Friedrich Rückert ging der Weg in die türkische, persische und arabische Sprache und Literatur, die auch zur ersten Übertragung des Koran führte. Humboldt widmete sich u.a. dem Ägyptischen, Chinesischen und Japanischen und starb über dem unvollendet gebliebenem Werk „Über die Kawi-Sprache auf der Insel Java".

Wie stürmisch die Jahre der sich entwickelnden Sprachwissenschaft auch waren, sie hatten nie einen Hauch nationaler Enge, sondern waren der Versuch, durch den Sprachenvergleich zur Summe des Erkennbaren zwischen den Sprachen zu kommen, das heißt, Struktur und Geistigkeit jeder Sprache zu erfassen und letztlich zu dem Gesetz durchzustoßen, unter dem die Arbeit des Geistes in der Sprache allgemein erfolgte.

Auch für den griechischen Philosophen Aristoteles, dem Begründer der Logik, war die Sprache der Quell, aus der er seine Erkenntnis von den zehn Grundideen, den zehn Kategorien ableitete. Diese las er am Aufbau der Sprache ab, in die sie der Geist eingeprägt hatte. Die zehn Kategorien sind für Aristoteles die Grundbaugedanken der Welt, die wiederum im denkenden Bewusstsein des Menschen aufleuchten, nämlich: Raum, Zeit, Tun, Leiden, Qualität und Quantität, Sein, Haben, Lage und Beziehung. Diese finden sich nach Aristoteles in der Struktur der Sprache wieder, indem jede Kategorie einer bestimmten Wortart entspricht. Näheres hierzu führt u. a. Hans Ehrhard Lauer in „Weltenwort und Menschensprache" *(Dornach, 1972)* aus.

Jahrhunderte später versuchte Humboldt, dem das griechische Denken sehr vertraut und nahe war, erneut, die Arbeit des Geistes in der Sprache zu erfassen. Humboldts Forschungsansatz betraf die Sprache als Einheit, angefangen von ihrem Sitz im Sprachorganismus bis zur Ausdrucksmöglichkeit komplizierter Denkvorgänge durch grammatikalische Formen.
Durch die (unselige) Trennung von Geistes- und Naturwissenschaften im 19. Jahrhundert war Humboldt für die sich spezialisierende philologische Forschung zu „biologisch-organistisch" *(siehe Nachwort zu: Schriften zur Sprache von W. v. Humboldt, 1973).*
Er geriet ins Abseits und wurde vergessen und mit ihm die ganze humanistische Sprachwissenschaft.

Ab 1910 beginnen die geisteswissenschaftlichen Sprachbetrachtungen Rudolf Steiners und reichen mit einer Reihe von Vorträgen unterschiedlicher Gesichtspunkte zum Thema Sprache und Geist bis 1923. Allein durch die Beschäftigung mit Eurythmie und Sprachgestaltung, beides Kunstformen, die aus der Anthroposophie Rudolf Steiners entstanden sind, erleben viele Menschen auch heute einen neuen Umgang mit dem Wort und werden zu eigenen Fragen und Forschungen angeregt.

Wie ist der Satz aufgebaut?

Ameisen bauen
den mathematischen Staat
Wir bauen
den Satz
Rose Ausländer

Satzteile

Welche Rolle spielt jedes Wort innerhalb eines Satzes?
Der Freund steht am Fenster, schaut in den Garten und sieht, dass die Äpfel am Spalier schon reif sind. Wenn er allein wäre, würde er vielleicht nur vor sich hinmurmeln:
„Reif. Abnehmen!" Da aber sein Sohn kommt, sagt er: „Du musst die Äpfel abnehmen."
Die eigentliche Mitteilung liegt in der Aussage, dass die Äpfel abzunehmen sind. Alles Übrige ist für den Sprecher entbehrlich, wenn der Hörende mit dabei ist. Die Umstehenden haben ja aus dem Zusammenhang heraus gesehen, worum es geht. Das ist in der Alltagsrede, die nur aus der Situation heraus verständlich ist, meistens der Fall. So kommt es zu Verkürzungen, wie „Hände waschen!", „Warte!", „Stehen bleiben!" und jeder, der dabei ist, weiß, was gemeint ist. Die „**Was**-Frage", also die Frage nach dem **Prädikat, der Satzaussage ist die wesentliche Frage**. Sie bildet den Satzkern, um den sich alles gruppiert.

Nach dem „Was" kommt das „**Wer**". Wer handelt? Aus welcher Quelle stammt etwas? Das ist die Frage nach dem **Subjekt, dem Satzgegenstand.** Bei unserem Beispiel braucht der Freund das Subjekt nicht benennen, weil klar ist, dass er selbst es ist, der die Äpfel abnehmen muss. Als er mit seinem Sohn spricht, muss er es benennen, nämlich ihn, den Sohn.

Nun kommt die Frage nach dem **Objekt, der Satzergänzung**. In welcher Richtung bewegt sich etwas? Wen betrifft etwas? In unserem Beispiel: „Was muss ich abnehmen?“ - „ Die Äpfel.“

„Ich nehme die Äpfel ab“, oder „Mein Sohn erntet Äpfel“ ist der geläufige Vierwortsatz mit dem wir gut im täglichen Leben bestehen können. Er ist kurz, prägnant, gut verständlich und inzwischen auch in den Boulevardzeitungen führend.

Nun wissen wir, dass unser Exempel nur zustande gekommen ist, weil die Äpfel reif geworden waren. So erweitert sich der Satz: „Du musst die reifen Äpfel abnehmen!“ Das Wort „reif“ ist das **Attribut, die Beifügung**.

Außerdem haben wir noch erfahren, dass die reifen Äpfel am Spalier waren. „**Wo** sind die Äpfel reif?“ - „Am Spalier“ ist die **adverbiale Bestimmung, die Umstandsbestimmung.**

Damit hätten wir folgenden Satz mit allen Satzteilen:
„Ich nehme die reifen Äpfel am Spalier ab!“ - „Mein Sohn erntet die reifen Äpfel am Spalier.“

Wir haben also fünf Satzteile:

das **Prädikat** oder die Satzaussage,

das **Subjekt** oder den Satzgegenstand,

das **Objekt** oder die Satzergänzung,

das **Attribut** oder die Beifügung und

die **adverbiale Bestimmung** oder die Umstandsbestimmung.

Wenn wir nun den Satz, bestehend aus den fünf Satzteilen erweitern wollen, dann geht dies nur mit Nebensätzen.
Was ist der Unterschied zwischen **Haupt-** und **Nebensätzen**?
„Ich nehme die Äpfel vom Spalier, weil sie reif sind". Offenbar ist *ich nehme die Äpfel vom Spalier*, ein Hauptsatz und *weil sie reif sind* ein Nebensatz.
Hauptsätze nennt man Sätze, die für sich allein stehen können. Nebensätze bedürfen der Anlehnung, da sie von einem anderen Satz abhängig sind, so wie *weil sie reif sind*, abhängig ist vom Hauptsatz.

Nun ist spannend, dass alle Satzteile mit Ausnahme des Satzkernes, des Partizips, zu Nebensätzen erweitert werden können, wie in unserem (etwas überstrapazierten) Beispiel:

Das Subjekt zu:
„Der hier in diesem Haus wohnende, erntet.....", (Ich)

das Objekt zu:
„Was so frisch und saftig schmeckt, nehme ich ..." (die Äpfel)

das Attribut zu:
„Ich nehme die Äpfel, die so frühzeitig reif sind....", (reif)

die adverbiale Bestimmung zu:
„ Ich ernte, was an der Sonnenwand unseres
Hauses gewachsen ist, nämlich (am Spalier).

Der Satz: „Ich nehme die reifen Äpfel vom Spalier" kann durch die Erweiterung in Nebensätze etwa so aussehen:
„Ich, der in diesem Haus aufgewachsenen bin, kann es kaum erwarten, die Äpfel, die dieses Jahr so früh wie nie reif geworden sind, vom alten, noch aus Großvaters Zeiten stammenden Holzspalier zu ernten."
Damit hätten wir einen Satz mit 33 Wörtern. Das ist etwa die durchschnittliche Anzahl von Wörtern in einem Satz von Heine oder Goethe.

Das Erzählen

Wenn wir nun ein Satzgefüge (ein Satz, der aus Haupt- und Nebensätzen besteht) oder eine ganze Satzperiode nochmals erweitern wollen, dann müssen wir den einzelnen Satz in mehrere Sätze auflösen – und kommen ins Erzählen. Der Satz, als die kleinste, vollständige Sprecheinheit enthält als Keim alle Elemente einer Geschichte.

„Als die Sonne gerade unterging, warf ich, die letzten Strahlen aufzufangen, noch einen Blick aus dem Fenster. Was leuchtete mir entgegen im warmen Licht der Sonne? War es denn möglich? Ich ging in den Garten zum Spalier, um mir sicher zu sein. Und tatsächlich: Sie waren reif, so zeitig wie noch nie, unsere saftigen, von allen begehrten, Äpfel! Selbst mein erstes Taschenmesser hatte ich gegen eine gefüllte Jackentasche eingetauscht. Behutsam nahm ich einen ab, rieb ihn am Ärmel blank und steckte ihn schmunzelnd in die Hosentasche: Morgen werde ich mit meinen Söhnen ernten!“

Wie sind wir ausgehend von der Frage nach dem Aufbau eines Satzes beim Erzählen der Geschichte angekommen?
Gehen wir zurück zur Anfangssituation. Jemand steht am Fenster, schaut in den Garten und sieht, dass die Äpfel am Spalier schon reif sind. Er erlebt

die Situation als Ganzes und sein Impuls ist nur: „Reif. Abnehmen!" Um das, was er erlebt, auch einem anderen mitteilen zu können, haben wir die Fragen nach was, wer, wen, wie und wo gestellt und konnten dadurch einen Satz bilden, der die Situation auch für Außenstehende veranschaulichte.
Ein komplexerer Zusammenhang müsste durch die Fragen wann, weshalb, warum und wozu erweitert werden.

Welche Schritte gehen wir, wenn wir einen Sachverhalt verstehen oder ein Problem analysieren wollen?
Wir versuchen mit denselben Fragen nach was, wer, wen, wie usw. den Sachverhalt oder das Problem in Einheiten zu fassen, diese voneinander zu trennen, miteinander zu vergleichen, um je nach Bedürfnis diese neu zu verbinden und zu ordnen, damit wir den Sachverhalt oder das Problem verstehen und den Sinn erfassen können. Diese Tätigkeit bezeichnet man als Denken.

Wir können also eine Verwandtschaft aufzeigen zwischen der Struktur der Sprache und der Struktur des Denkens und feststellen:

Indem wir sprechen lernen, lernen wir denken!

> „Die Sprache ist das nach außen gewandte Denken;
> das Denken ist inneres Gespräch."
>
> *Antoine de Rivarol*

Nun wird verständlich, warum der Sprache in der Erziehung ein so großer Stellenwert beigemessen wird. In diesen Zusammenhang sei auf Wolfgang-M. Auers „Sinnes-Welten. Die Sinne entwickeln, Wahrnehmung schulen, mit Freude lernen." *(Kösel-Verlag, 2007)* hingewiesen, da hier anschaulich das Zusammenwirken von Gedanken- und Sprachsinn aufgezeigt wird. Die Fähigkeit, sich bis zur Einschulung, eine Sprache in allen Grundformen erworben zu haben, ist nicht nur die Voraussetzung für den reibungslosen Erwerb der Schriftsprache, nein, sie ist weit mehr: Nur wenn wir uns in der ganzen Vielfalt einer Sprache bewegen können, können wir dies später auch in den Differenzierungen des Denkens. Das geht soweit, dass ein Zusammenhang hergestellt wird zwischen dem Beherrschen wenigstens einer Sprache und der Möglichkeit, einen Hochschulabschluss zu bestehen.

Wann und wie lernt das Kind Sätze und grammatikalische Regeln?

12. – 18. Lebensmonat:

Wort- und Satzentwicklung kommen in **Einwortäußerungen** zusammen. Wenn das Kind „dall" (Ball) sagt, kann die Mutter nur aus der Situation und der Stimmführung des Kindes erkennen, was das Kind mit dem Wort aussagen will, ob das Kind z.B. den Ball verloren hat oder ob es möchte, dass ihm die Mutter den Ball gibt.

18. – 24. Lebensmonat:

Bei **Zwei-Wort-Sätzen** (Zweiwortäußerungen) ist die Ausdrucksmöglichkeit des Kindes schon differenzierter und der Interpretationsspielraum der Mutter geringer. Bei Zwei-Wort-Sätzen gibt es z.B. einen Handlungsträger und eine Handlung „baby weint" oder Handlung und Objekt „Tuhl sissen" („Ich will auf dem Stuhl sitzen").

Das Kind beginnt jetzt zu fragen: „is'n das?" (was ist das?), wobei die Satzmelodie fragend nach oben geht. Erstmals will das Kind durch Sprache Zusammenhänge verstehen.

Ab dem 24. Lebensmonat treten...

auch **Drei-Wort-Sätze** (Dreiwortäußerungen) auf, wie „Mama Bume dießen" („Mama gießt die Blume") oder ein Beispiel, das Alfred Baur aufführt: „Bubi Kuchen hast. Papa seigen." („Bubi hat einen Kuchen bekommen und will ihn dem Papa zeigen.").

Das Kind reiht die wesentlichen Inhaltsworte aneinander, so dass das Ehepaar Stern diese Sprechweise vor knapp 100 Jahren „Telegrammstil" nannte. Heute könnte man von einem „SMS-Stil" sprechen, den man nur dann richtig zu interpretieren versteht, wenn man weiß, in welcher Situation

die jeweilige „SMS“ entstanden ist. Was fehlt, sind in erster Linie Funktionswörter (Artikel, Konjunktionen, Präpositionen...), Hilfsverben und alle Beugungsformen, also die grammatikalischen Elemente des Satzes. Da eine sprachliche Äußerung erst durch die grammatischen Gesetze zu einem muttersprachlichen Satzgebilde wird, bezeichnen Jürgen und Wolfgang Butzkamm kindliche Mehr-Wort-Sätze als eine Vorform der Erwachsenensprache, als „Eingangsstufe zur grammatisch geordneten Vollsprache“ *(Butzmann/Butzmann aus: Dittmann, Jürgen, 2006, S. 54).*
In Anlehnung an das „Protowort“ entstand daher für diese Sprechart die Bezeichnung „Protosprache“.

Ab dem 24. Lebensmonat erwirbt...

sich das Kind parallel zu den Drei-Wort-Sätzen und Mehr-Wort-Äußerungen die ersten **grammatischen Fertigkeiten**, wie

Geschlechtswörter/Artikel (*die* Frau, *der* Mann, *das* Auto). Das geht meistens fehlerfrei und schnell.

Mehrzahlbildungen/Pluralformen (Frau – Frauen, Mann-Männer, Auto-Autos)

Beugungsformen des Hauptwortes **(Deklination)**, also die Anwendung von Nominativ, Genetiv, Dativ und Akkusativ. Dies ist ein langwieriger Vorgang, der manchmal erst im 5. Lebensjahr abgeschlossen wird. Die richtige Anwendung der Fälle ist ein komplexer Vorgang, da er gleichzeitig mehrere Worte betrifft oder betreffen kann, wie:

d*er* gute Papa, d*es* gut*en* Papa*s*, d*em* gut*en* Papa, d*en* gut*en* Papa.

Beugungsformen des Tätigkeitswortes **(Konjugation)** in Gegenwart, Vergangenheit und Zukunft im Zusammenhang mit der Verwendung von Hilfsverben. Dieser Prozess ist meistens um das 4. Lebensjahr abgeschlossen und hört sich um das 2. Lebensjahr so an: „Simi läft“ (Simeon schläft), „tomm!“ (komm bitte).

24. bis 36. Lebensmonat

Das dritte Lebensjahr ist für den Grammatik- und Satzerwerb eine intensive Phase. Das Kind wendet parallel die mehr additive Form der Mehr-Wort-Sätze und die ersten grammatikalischen Regeln an. Es spricht sich selber mit „**Ich**" an („Ich läufe weg") und beginnt verbal zu verneinen: „Simi will safen – nicht!" (Simeon will nicht schlafen).
Das Kind stellt unermüdlich **Fragen**, um sich mit der Welt und die Dinge untereinander auch verbal in Beziehung zu setzen: wer? wie? was? warum? „warum suhe puzen?" oder „warum feuer bennt?" Nun erwacht ganz zart das Denkvermögen des Kindes. Wenn die Erwachsenen auf die Fragen phantasievolle Antworten geben, wird das Kind angeregt, sich weitere Fragen und Bilder auszumalen.

Mit etwa 2 1/2 Jahren entstehen (wie als Ergebnis des Erwerbs der ersten grammatischen Formen) **Folgen von Hauptsätzen**: „mama dießen, papa elfen dut " (Mama gießt den Garten und Papa hilft ihr).
Natürlich werden die grammatikalischen Elemente immer genauer erprobt und gehandhabt: „ich habe beere *vom* baum gepfükt" (gelungener Dativ), „mama fährt mit de*n* auto hin" (misslungener Dativ). Einprägsam und erheiternd sind die Versuche der Verbbeugung: „hab ich Saft gleich ausgetrunkt." – „hast du gebrocht?" - „hab ich hingeschmeißt" - „waas(t) du?" (Warst Du das?)

Um das **dritte** Lebensjahr beginnt das Kind syntaktische Besonderheiten, der jeweiligen Sprache, wie z.B. die **Nebensatzbildung** im Deutschen zu lernen. Trotz der sonst großen Freiheit der Wortstellung in der deutschen Sprache, muss das Verb des Nebensatzes stets am Satzende stehen: „ich esse bonbon, was mir oma gegebt hat".

Im 4. Lebensjahr

werden die Satzgefüge immer komplexer:
„und als sie dann nach hause fahren wollten, haben wir uns abbegrüßt"-
„die geschichte, die ana gelest hat, war schön und gleichtätig (gleichzeitig) gruselig".

Relativsätze machen den deutschen Kindern am längsten Schwierigkeiten, also Nebensätze, die mit einem Relativpronomen (der, die etc.) eingeleitet werden („die ana gelest hat“). Braucht es mehr Zeit, bis das Kind einen Artikel (*der* Ball) von einem Demonstrativpronomen (Welcher Ball ist über die Straße gerollt? War das *der* da?) und einem Relativpronomen (Der Ball, der eben über die Straße gerollt ist...) unterscheiden kann?

Mit etwa 4 Jahren beherrschen die Kinder die wichtigsten syntaktischen und grammatikalischen Formen.

Zwischen dem 4. und dem 6. Lebensjahr

erwirbt sich das Kind grammatische Feinheiten und komplexe Satzkonstruktionen, wie z.B. Konditionalsätze (wenn ich gegangen wäre, hätten wir...).

Als der fünfjährige Simeon den Tisch deckt, deckt er für den Vater mit auf, der sich vor kurzem von der Familie getrennt hat. Plötzlich fällt ihm das auf und er sinniert: „Stimmt, der Papa hat sich ja abgetrennt. Wenn er sich nur von den anderen abtrennen würde!“

Im Prinzip gebietet das Kind zu seinem 5. Geburtstag über die Grammatik der Muttersprache.
Das Kind kann Gedankengänge sprachlich variiert ausdrücken, seine Gedanken in Bilder kleiden, differenziert über Erlebnisse berichten und Gespräche mit Gleichaltrigen und Erwachsenen führen.

Angelika Prange erzählt das Beispiel der fünfjährigen Milena, die an einem herbstlichen Waldtag die Sonnenstrahlen betrachtet, die durch den morgendlichen Nebel dringen: „Das sieht aus wie ein Strahlenfondue.“

Grammatikalische Fertigkeiten fördern!

(nach Anregung von Christa Kieferle im Beobachtungsbogen „Seldak")

Wie wir gesehen haben, hat das Kind die elementaren Grundstrukturen im Satzbau und in der Wortbildung mit etwa vier Jahren erworben. Trotzdem gibt es innerhalb dieser Altersgruppe noch eine große Schwankungsbreite. Es ist wichtig, diese richtig einzuschätzen und abzulesen, wo Förderbedarf besteht.

Zum Verb

Das Verb ist vielseitig, beweglich und anpassungsfähig: es kann sich eben „beugen".
Nachdem die Kinder Verben erst beliebig gebeugt (konjugiert) haben, pendelt sich der korrekte Umgang ab dem dritten Lebensjahr ein.

Formen des Verbs, die besondere Aufmerksamkeit erfordern

Vergangenheitsbildung regelmäßiger Verben:
kaufen – kaufte (Imperfekt) – gekauft (Perfekt)

Vergangenheitsbildung unregelmäßiger Verben:
gehen – ging (Imperfekt) – gegangen (Perfekt)

Wirklichkeitsform und Möglichkeitsform:
ich lobe (Indikativ) – ich würde loben (Konjunktiv)
ich schlage – ich schlüge oder ich würde schlagen

Tatform und Leideform (Aktiv und Passiv):
ich trage – ich werde getragen

Die Vergangenheitsbildung erfordert die Anwendung von Regeln, die man einfach „kennen", also oft gehört haben muss. Wobei anzumerken ist, dass der Imperfekt und der Konjunktiv immer mehr aus der Alltagssprache verdrängt werden und daher besonderer Pflege bedürfen.

Welche Fördermöglichkeiten gibt es?

- Erzählen von Märchen und Geschichten. (Die Grimmschen Märchen sind voll von Konjunktiven!)
- Vorlesen aus Kinderbüchern, die unter diesem Gesichtspunkt ausgewählt wurden.
- Kinder und Erzieherinnen erzählen sich, Geschichten, die sie erlebt haben und wovon sie träumen (Vergangenheits- und Zukunftsform), z.B. wenn der Abschlusskreis mit Lied und Gebet beendet ist oder beim Kneten in der Freispielzeit.
- Bei Festeszeiten kann es eine „Frühstückstafel“ geben mit besonderen Speisen und Gästen. Geladen sind Ritter, Prinzessinnen, Minister...., die natürlich alle auch königlich sprechen: „Könnte ich bitte die Milch... Würden Sie mir bitte ...“ (Möglichkeitsform).

Hierzu gäbe es auch noch einen passenden Trinkspruch:

Prost, prost Herr Ritter!
Darf ich auf euer Wohlsein trinken?
Ich werde es zu schätzen wissen.
Auch euer Liebchen sei mit eingeschlossen.
Das soll euch unbenommen sein.
Auf euer Wohl, werte Damen!
Auf euer Wohl, werte Herren(Ritter)!

Zum Substantiv

Einzahl und Mehrzahl:

Auch die Mehrzahlbildung bedarf im Deutschen der Spracherfahrung und Sprachfertigkeit. Das Kind muss die einzelnen Wörter aus dem Leben kennen, damit es sie richtig anwenden kann, wie

Tisch - Tische,
Haus - Häuser,
Stuhl - Stühle,
Auto - Autos,
Roller - Roller,
Doktor - Doktoren.

Beugung des Hauptworts (Deklination):

der König	Werfall	oder	Nominativ
des Königs	Wesfall	oder	Genetiv
dem König	Wemfall	oder	Dativ
den König	Wenfall	oder	Akkusativ

Die richtige Verwendung von Akkusativ und Dativ setzt viel Spracherfahrung voraus, die das Kind nur bildet, wenn vielfältig mit ihm gesprochen wird.

Fördermöglichkeiten:

- Wann verwenden wir im Kindergartenalltag den Akkusativ?
  Zum Beispiel beim Rucksackpacken für den Waldtag:
  Was packen wir ein? Das Pflaster, die Wasserflaschen, den Regenschirm, zwei Handtücher...
  Oder, wenn das Geburtstagskind seine selbstgebackenen Plätzchen verteilen darf: Das Kind verschenkt ein Plätzchen an die Anna, eines an den Peter....Vielleicht schenkst du auch den beiden Puppenmüttern eines?
- Wann verwenden wir im Kindergartentag den Dativ?
  Zum Beispiel beim Anziehen: Wem gehört dieser Stiefel?
  Von wem hast du die Regenhose ausgeliehen?

- Wieso sollten wir nicht auch anstelle des Dativs ab und zu den Genitiv benutzen?
  „Wessen Regenhose ist das?“ „Wessen Handtuch hast du benutzt?“ Ansonsten begegnet uns der Genitiv häufig in Märchen und Geschichten, wie: „Des Königs liebliche Tochter“.

Zur Präposition

Sicher muss ein Kindergartenkind nicht alle Präpositionen kennen, aber es sollten ihm die gängigen Präpositionen geläufig sein, wie „an, über, unter, auf, zwischen, neben, hinter, in...“ und vor allem die dazugehörige Satzkonstruktion, wie „auf dem Tisch“ statt „Tisch oben“, oder „unter dem Tisch“ statt „unten Tisch“ oder „neben dem Stuhl“ statt „bei Stuhl“. Der Richtungshinweis „oben“ wird erst z.B. bei folgenden Satzkonstruktionen zu einer grammatischen Fertigkeit: „die Blumenvase auf dem Tisch... der Luftballon über der Wiese... die Wolke hoch am Himmel...“

Fördermöglichkeit:

- Versteckspiele aller Art: Das Kasperle hat sich versteckt!
  Wo könnte es sein? Auf dem Schrank? In der Schublade?

Nebensätze

Verbindet das Kind einzelne Sätze nur mit „und“ oder spricht es auch untergeordnete Nebensätze, die z.B. mit „weil“, „dass“, „ob“, „wenn“ oder „das“ beginnen?

Eine Besonderheit der deutschen Sprache ist die Stellung des Verbs im Nebensatz. In der deutschen Sprache haben wir eine große Ausdrucksvielfalt, die mit der Freiheit in der Wortstellung zusammenhängt. So kann das Verb im Hauptsatz vorne, in der Mitte oder hinten stehen. In der Alltagssprache unterstreichen wir üblicherweise das Sinnwort, also das Wort, das uns am Wichtigsten ist, dadurch, dass wir es an den Satzanfang stellen. Diese Freiheit haben wir im Nebensatz nicht. Hier muss das Verb am Satzende stehen, was bedeutet, dass wir bis zum Schluss die Konzentration halten müssen. „Opa weiß, dass wir, obwohl noch einiges zu besorgen ist, heute Abend *wegfahren.*“

Fördermöglichkeiten:

- Selber die Nebensätze korrekt anwenden!
- Die Märchen sind eine Fundgrube für Nebensätze und Satzfügungen verschiedenster Stile. Einfach märchenhaft!

... unter vorgehaltener Hand (in Anlehnung an Bastian Sick):

Es scheint angebracht, den Genitiv langsam aber sicher in „Casus Verschwindibus“ umzubenennen. Nur ein Beispiel unter vielen: Laut Duden ist hinter „laut“ neuestens auch der Dativ erlaubt. Sie liegen also im Trend, wenn Sie anstelle von „laut Ihres Schreibens vom...“ antworten „laut dem Schreiben vom...“.
Dass „stünde“, „höbe“, schwämme“ inzwischen bereits begraben sein sollen, mag richtig sein, dass aber selbst der Würde-Konjunktiv nur noch im Sprachzoo von Literaten und ähnlichen betrachtet werden kann, soll den Grund haben, ihn wenigstens für unsere Kinder zu erhalten. Auch eine Variante!
Auch der Nebensatz erlebt zurzeit herbe Herausforderungen durch die Umgangssprache. Gerade wurde ausgeführt, dass bei Nebensätzen, die mit weil, dass, wenn, ob usw. beginnen, das Verb am Ende steht. Aber selbst von einem Radiosprecher kann man hören: „Ziehen Sie sich warm an, weil heute wird es noch kälter“ anstatt: „Ziehen Sie sich warm an, weil es heute noch kälter wird.“. Und Sätze wie: „Setz dich, weil wir haben auf dich gewartet“ sind gang und gäbe – und nicht nur in Kneipen.

Der Satz

Mein Bauhaus du, Subjekt und Prädikat,
Adverb und Adjektiv und Partizip;
Es müsste, denk ich, eine Zuflucht sein,
Ein Satzgefüg', ein stetes Nimm-und-Gib –

Und wäre doch nur ein verspielter Tand,
Geschmeidig wohl und klug – gleichwohl vergebens,
Wär's nicht in mir beglichen mit der Münze
Gelebten so wie ungelebten Lebens.

Albrecht Goes

Ideen zur Pflege von Satz und Erzählung

„Sprecht mit Kindern immer Jahre voraus,
sprechen doch Genies in ihren Büchern mit uns Jahrhunderte voraus."

Jean Paul

Die Studie „Erzieherqualifizierung zur Erhöhung des sprachlichen Anregungsniveaus in Tageseinrichtungen für Kinder" (Berlin, 2006) hebt hervor, dass „entgegen der Annahme, dass einfache, kurze und wenig komplexe Sätze die Sprachentwicklung fördern..... Kinder sehr wohl einen sprachlich kompletten Input filtern, aber sie nicht die Möglichkeit haben, einen einfachen Input zu kompensieren."

Mut zu längeren, auch zu verschlungenen Sätzen!

Keine Sorge: Sie müssen nicht gleich Thomas Mann in „Joseph und seine Brüder" mit seinem Rekordsatz von 347 Wörtern übertreffen!
Kinder lieben es (wie bereits ausgeführt), von Sprache umschmeichelt, eingebettet und nicht nur informiert zu werden. Für die bewährten Vierwortsätze sind eher Nachrichtensprecher zuständig: Das ist zu regeln. Das Leben geht weiter. Alles in Ordnung, oder?

Der Wortschatz ist immer im Fluss. Er stößt Veraltetes ab und integriert Fremdes. Wie starr ist dagegen das Gerüst der Grammatik! Von der Wiege an verinnerlicht, braucht es Jahre, bis wir uns so viele Sprachfertigkeiten erwerben, dass wir den eigenen Sprachstil finden können. Der individuelle Sprachstil ist Ausdruck der Persönlichkeit.

„Vergiss nicht,
dass dein Satz eine Tat ist!"

Antonine de Saint-Exupery

Handlungsbegleitendes und handlungsersetzendes Sprechen
(Petra Thal)

Das **handlungsbegleitende** Sprechen entsteht aus dem Rhythmus der Tätigkeit, die der Erwachsene ausführt. Es entstehen Sprüche und Verse aus dem Moment, die mit der Handlungstätigkeit zusammenklingen.

Beim Backen:

Knet, knet, knet den Teig,
knet, knet, knet ihn weich,
drück ihn wie der Bäcker,
die Brötchen schmecken lecker.

Rühre, rühre rund.
Der Kuchen ist gesund,
gesund für Mund und Magen,
wir woll'n ihn gerne haben.

Beim Nähen:

Stich, stich, stich
Nadel lang und spitz
näht fleißig wie der Blitz.

Beim Anziehen:

Fuß, Fuß gib mir einen Gruß.
Schlüpf in den Schuh,
bind dich zu
und dann halte Ruh.

Beim Abwischen des Tisches:

Wisch, wisch,
der Lappen wischt den Tisch.
Wusch, wusch
Die Krümel sind futsch.
Wausch, wausch
Der Tisch sieht sauber aus.

Beim Aufdecken:

Jetzt kommen die Teller
Nicht aus dem Keller.
Dann kommen die Tassen
Ist es denn zu fassen?
Nun kommen die Löffel
Für große und kleine Töffel.

Beim **handlungsersetzenden** Sprechen wird die Handlung nach innen genommen. Der Leib kommt zur Ruhe und die Seele wird tätig.
Das handlungsersetzende Sprechen wird meistens durch eine Beobachtung in der Natur, eine handwerkliche Betätigung oder eine Erlebnis angeregt.
Wenn zum Beispiel beim Falten ein Schiff entstanden ist, können folgende Fragen wach werden: Was kann das Schiff alles erleben? Wohin wird die Reise gehen? Wen wird es mitnehmen?

Schön ist es, wenn, im Garten gemütlich auf der Decke sitzend, erste Gespräche „über Gott und die Welt" entstehen und die Erzieherin kleine Geschichten erzählt, z. B.: „Bucklicht Männlein", „Klein Irmchen", „Eine Raupe dick und dünn", „Ein alter Mann pflanzte kleine Apfelbäume".

Manchmal entsteht auch nach dem Frühstück eine Erzählzeit für folgende Geschichten, zum Beispiel: „Der süße Brei", „Tief verborgen unterm Moos", „In der Küche auf dem Tisch", „Die Hündin Roska hatte Junge bekommen".

Vor dem Mittagsschlaf passen diese Geschichten: „Träum Kindlein träum", „Wer klopft bei Wanja in der Nacht."

In den Abschlusskreis gehören natürlich auch Geschichten und Märchen, angefangen von „Kater, Sperling und Zwerg", „Vom Schlösschen", „Die Katz di tripp di trapp", „Das Strohböcklein", „Lommelchen" usw. bis zu den Märchen z.B. Rotkäppchen, Der Wolf und die sieben jungen Geißlein, Frau Holle, Sterntaler...

Begegnung mit unterschiedlichen Sprachstilen: also mit Literatur!

Im Aufnehmen verschiedener Sprachstile, erlebt das Kind die verschiedenen Möglichkeiten des Denkens und erfährt, dass Sprache individuell gestaltbar ist.

Märchen und Geschichten

Beschäftigen Sie sich immer wieder so mit einem Märchen oder einer Geschichte, dass Sie es in der Originalsprache **auswendig** können.

Es macht nicht nur Freude, die romantischen Satzwendungen und den Satzbau der Grimmschen Märchen mitzuvollziehen, sondern Sie lernen sie so auch viel schneller auswendig. Das gelingt am Leichtesten, wenn Sie an den Hauptsätzen entlang, bewusst den Wendungen und Einfügungen der Nebensätze nachspüren und so zu den Absätzen gelangen. Versuchen Sie dann ebenso mit den Absätzen zu verfahren, um daraus die Struktur des Märchens zu erfassen.

Bilderbücher:

Wie unterschiedlich können Bilder sprachlich kommentiert sein!

leicht – witzig – prägnant
poetisch – lyrisch
ausatmend – gemächlich

Es ist ein besonderer Reiz, wenn zwischen Sprache und Bild viele Freiräume sind, d.h. wenn die Sprache nicht nur beschreibt, was im Bild schon gezeigt wird, sondern wenn sie das Bild z.B. poetisch überhöht, witzig kommentiert oder ausladend beschreibt. Das macht Kinder neugierig und regt sie an, selbst eine passende Sprachform zu suchen.

Bewegliche Bilderbücher:

Die Sprache entsteht jedes Mal neu, immer anders, kann sich spontan der Stimmung der Zuschauer anpassen und ist für jede Überraschung offen. Die Bilder können von Kindern unterschiedlichen Alters und sprachlicher Fertigkeit kommentiert werden.

Zusammenfassung

Das Denken ist zuerst eine gliedernde, dann eine ordnende und zuletzt eine verbindende Tätigkeit. Diese Form der Wirksamkeit des Geistes tritt in der Grammatik, in dem logischen Aufbau der Sprache am sichtbarsten zutage. Jede Sprache hat ihre eigene Grammatik, mit der ihr eigenen Gesetzlichkeit, die das Kind durch richtiges Vorsprechen lernt.

- Die Erzieherin achtet darauf, dass die grammatikalischen Formen vielfältig im Kindergarten „erklingen" (eben auch durch Literatur) und begleitet diesen Prozess bei den einzelnen Kindern.

- Durch das handlungsbegleitende Sprechen lernt das Kind Tätigkeiten und Geschehnisse sprachlich und damit auch denkerisch zu erfassen. Kindgerecht ist dies durch Gedichte oder durch Verse, die aus dem Moment entstehen und (wenn möglich), die jeweilige Tätigkeit rhythmisch unterstützen.

- Das handlungsersetzende Sprechen verlässt die Beobachtung der Welt und wendet sich an das Seeleninnere. Die Erzieherin berichtet von eigenen Erlebnissen oder erzählt Geschichten und Märchen. Auch die Kinder tauschen sich untereinander aus über das, was sie gesehen, gehört und erlebt haben. Für die Zuhörer verständlich in Worte fassen zu können, was keine unmittelbar sinnliche Wahrnehmung ist, ist Voraussetzung für das Lernen in der Schule!

- Freies Sprechen wird gefördert, wenn Kinder mit der Erzieherin oder untereinander Bilderbücher betrachten und unterschiedlich kommentieren.

Was beim Umgang mit dem Satz und dem Erzählen auffällt, ist, dass die grammatikalische Struktur eines Satzes festgelegt ist und einfach gekonnt werden muss, dass aber der Satzbau, wenn die grammatikalische Form beherrscht wird, gleichzeitig einen großen individuellen Gestaltungsspielraum hat, aus dem in späteren Jahren, der individuelle Sprachstil erwachsen kann.

Tipps für die Kollegiums- und die Elternarbeit

Zwei Übungen aus der Sprachgestaltung

(Stimme nach unten führen beim Punkt, beim Komma nach oben. Nebensätze durch veränderte Stimmführung herausstellen oder auf einzelne Sprecher verteilen)

- Nimm mir nicht, was, *wenn ich freiwillig dir es reiche,*
  dich beglückt.

- Bei seiner Gartentüre saß er.
  Er hat dir geraten: befolge nur aufs Beste, recht von Herzen gut,
  so wie du nur gerade vermagst, rechten Rat.

Zum „plastischen" Umgang mit dem Satz

- Sie können im Sinne von „**Satzranken**" einige Sätze aus den Grimmschen Märchen oder einem Kunstmärchen einfach zeichnen. Hauptsätze bilden den Hauptstrang, Satzerweiterungen und Nebensätze die Ranken.
  Als Beispiel nehme ich den Anfangssatz aus Goethes „Märchen von der grünen Schlange und der schönen Lilie." Hier kann man erleben, dass erst die erweiterten Satzteile und die Nebensätze Lebendigkeit und Poesie in den Satz bringen:

  An dem großen Flusse, der eben von einem starken Regen geschwollen und übergetreten war, lag in seiner kleinen Hütte, müde von der Anstrengung des Tages, der alte Fährmann und schlief.

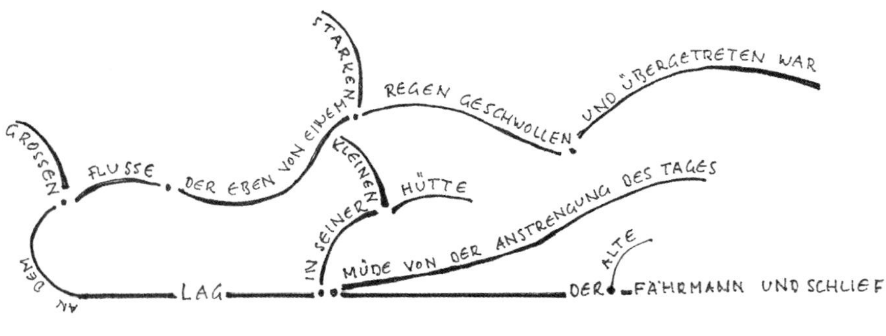

- In der Elternarbeit kann es Spaß machen, einige **Sätze** aus einem Kinderbuch mit Spielsachen wirklich **nachzustellen.** So kann man wunderbar erleben, wie sich der zeitliche Strom der Sprache wieder in eine plastisch-räumliche Situation zurückverwandelt.

  Gut eignen sich die ersten Sätze aus „Frederick“ von Leo Lionni:
  „Rund um die Wiese herum, *wo Kühe und Pferde grasten,* stand eine *alte, alte* Steinmauer.
  In dieser Mauer – *nahe bei Scheuer und Kornspeicher* – wohnte eine Familie *schwatzhafter Feldmäuse.* Aber die Bauern waren weggezogen, Scheuer und Kornspeicher standen leer.
  Und weil es bald Winter wurde, begannen die kleinen Feldmäuse *Körner, Nüsse, Weizen* und *Stroh* zu sammeln.
  Alle Mäuse arbeiteten Tag und Nacht.
  Alle – bis auf *Frederick.*“

Satz-Improvisationen

- Zwei lange Sätze
  Teilen Sie die Gruppe in zwei Teile. Die eine Hälfte ergänzt den Satz „Ein Mann steht.“, die andere „Eine Frau sitzt.“ auf jeweils mindestens 35 Worte. Nachdem sich die Gruppen die „Werke“ vorgestellt haben, kann daraus eine kleine Geschichte gebaut werden.

- Drei-Wort-Satz
  Zwei Spieler sitzen auf einer „einsamen Bank“ und beginnen miteinander zu sprechen. Kein Satz soll/ darf mehr Worte enthalten als drei. Zum Beispiel: „Du bist da?“ – „Sollte ich nicht?“ – „Weiß nicht genau.“ – „Was meinst Du?“ – „Du weißt, gestern“ – „Doch nicht Susi?!“ – „Ja, mein ich“ ... .
  Es ist ein bedachtsames und ruhiges Spiel, in dem Aussage und Atmosphäre zwischen den Worten leben.

- Seemannsgarn
  (Dazu wird ein Wollknäuel benötigt.) Die Gruppe bildet eine lockere Kreisform. Wir entwickeln eine Geschichte, zu der jeder einen Satz

beiträgt. Mit jedem Satz wird das Wollknäuel an einen anderen Spieler weitergegeben oder zugeworfen, so dass nach und nach zwischen den Spielern ein Fadengespinst entsteht.
Ein Themenvorschlag wäre: „Richtig, heute ist Dienstag, da... “

- Expertenvorstellung
  Jeder Spieler stellt den Zuschauern etwas vor, worauf er spezialisiert ist, wie Autos verkaufen, Hochzeitstisch decken, Kunden für ein Zeitungsabonnement werben... .
  Besonderen Spaß macht es, wenn sich zwei Spieler in der Vorstellung abwechseln. So hat der einzelne Atem, zwischendurch nachzudenken und das Spiel ist reizvoller für den Zuschauer.

- Mannschaftsmonolog
  Vier Spieler stehen in einer Reihe vor den Zuhörern. Sie überlegen sich gemeinsam das Thema. Dann beginnt der erste, indem er einen Schritt nach vorne geht, mit dem Anfangssatz. Satz für Satz oder in kleinen Abschnitten erfindet die Gruppe eine Geschichte, indem der jeweils Sprechende vortritt und wieder in die Reihe zurück, wenn ein anderer weitererzählt.

- Worteinwurf
  Drei oder vier Spieler erzählen eine Geschichte zu einem Thema, das allen Spielern vertraut ist, z.B. „Ein Kaffeetrinken am Sonntag Nachmittag bei Tante Else“. Nun rufen die Zuschauer Worte in die Erzählung, die von den Spielern eingebaut werden sollen.

- Die gemeinsame Geschichte
  Die Gruppe steht im Kreis und die Spieler geben sich die Hände. Ein Spieler nennt eine Farbe, ein weiterer eine Person, ein dritter einen Ort, z.B. lila, Straßenfeger, Oase. Nun entwickeln wir im Kreis die Geschichte „Vom lila Straßenfeger in der Oase“, zu der jeder Spieler einen Beitrag mit einem Satz oder höchstens zwei Sätzen gibt. Achtung: Sich keine Sätze ausdenken, bevor man unmittelbar an der Reihe ist, sonst gelingt es nicht, gedanklich an den Vordermann anzuschließen. Fällt einem spontan nichts ein, wiederholt man den Satz des Vorgänger und gibt weiter.

Gedanken zum Erzählen

Erzählung und Heilung

Das Kind ist krank. Die Mutter bringt´s zu Bett und setzt sich zu ihm. Und dann beginnt sie, ihm Geschichten zu erzählen. Wie ist das zu verstehen? Ich ahnte es, als N. mir von der sonderbaren Heilkraft sprach, die in den Händen seiner Frau gelegen habe. Von diesen Händen aber sagte er: „Ihre Bewegungen waren höchst ausdrucksvoll. Doch hätte man ihren Ausdruck nicht beschreiben können... Es war, als ob sie eine Geschichte erzählten." Die Heilung durch Erzählen kennen wir schon aus den Meerseburger Zaubersprüchen. Es ist ja nicht nur, dass sie Odins Formel wiederholen; vielmehr erzählen sie den Sachverhalt, auf Grund von dem er sie zuerst benutzte. Auch weiß man ja wie die Erzählung, die der Kranke am Beginn der Behandlung dem Arzte macht, zum Anfang eines Heilprozesses werden kann. Und so entsteht die Frage, ob nicht die Erzählung das rechte Klima und die günstigste Bedingung manch einer Heilung bilden mag. Ja, ob nicht jede Krankheit heilbar wäre, wenn sie nur weit genug – bis an die Mündung – sich auf dem Strom des Erzählens verflössen ließe? Bedenkt man, wie der Schmerz ein Staudamm ist, der der Erzählströmung widersteht, so sieht man klar, dass er durchbrochen wird, wo ihr Gefälle stark genug wird, alles, was sie auf diesem Wege trifft, ins Meer glücklicher Vergessenheit zu schwemmen. Das Streicheln ist diesem Strom ein Bett.

Walter Benjamin

Zärtliche Worte sind Brückenbauer

Wir haben gesehen, wie durch die Zärtlichkeit der Sprache neues Leben entstehen kann, neues Leben zwischen Ich und Du, zwischen dem Patienten und seinem Therapeuten, zwischen dem Ich und seinem entfremdeten, kranken Leib und zwischen dem Ich des Patienten und seinem entfremdeten Leben, seiner verschütteten Lebensgeschichte. Zärtlichkeit als ein Gegenpol zur Leidenschaft *(Lemaire)* wird so zum Brückenbauer für ein neues Leben zwischen den Menschen.

Peter Petersen

Man wird wieder
aus Himmel und Sternen
Bilder machen
und die Spinnweben alter Märchen
auf offene Wunden legen

Christian Morgenstern

Ich und Du: Vom Zuhören und Sprechen

Es ist für viele Eltern und Pädagogen nahezu atemberaubend, mit welcher Geschwindigkeit das 21. Jahrhundert täglich Tatsachen schafft, die das Leben nachfolgender Generationen wesentlich bestimmen, aber auch unser bürgerliches Selbstverständnis in Frage stellen.

Angesichts der umwälzenden Natur- und Klimaveränderungen, der Konflikte und Kriege, der weltweit wachsenden Schere zwischen arm und reich, der Übersättigung der westlichen Welt und der wachsenden Isolation ihrer Menschen, stehen wir vor der Frage: Wie sollen wir unsere Kinder erziehen?

Gibt es eine Erziehung, die unsere Kinder, wo immer sie auch in der Welt leben werden, befähigt, trotz aller Widerstände und Unwägbarkeiten, ein menschenwürdiges Leben zu führen, dass unsere Welt wieder ein klein wenig naturverbundener, friedlicher und gerechter werden lässt?

Marshall Rosenberg, der Initiator der „Gewaltfreien Kommunikation", dessen Ideen viele Pädagogen auf der ganzen Welt ermutigen und impulsieren, beantwortet diese Frage mit Ja, wenn es uns gelingt, eine Kultur der Partnerschaft und des Friedens zu entwickeln, aus der eine lebensbereichernde Erziehung wächst. Was verbirgt sich hinter diesem Wort „lebensbereichernd"? „Eine Erziehung, die Kinder darauf vorbereitet, während ihres ganzen Lebens zu lernen, zu anderen und zu sich selbst gute Beziehungen zu unterhalten, kreativ, flexibel und wagemutig zu sein und Empathie nicht nur zu ihren nächsten Verwandten, sondern der ganzen Menschheit (und ich möchte ergänzen: und der Natur) gegenüber zu empfinden." *(aus dem ersten Vorwort zu „Erziehung, die das Leben bereichert" von Marshall Rosenberg, 2005, S.15)*

In der Erziehungsvision von Rosenberg steht der Mensch mit seinen geistigen und sozialen Fähigkeiten im Mittelpunkt: also jener, der „einerseits zu sich selbst gute Beziehung unterhält“, d. h. der seinen Gefühlen, Wünschen und Bedürfnissen nicht unbewusst ausgeliefert ist, sondern der sie erkennen, benennen und anderen mitteilen kann und andererseits derjenige, der mit „Empathie nicht nur zu den ihm Nahestehenden, sondern zur ganzen Menschheit“ in Beziehung tritt, d. h. der sich in jeden Menschen, egal welcher Herkunft, einfühlen und dessen Bedürfnisse als gleichwertig zu den seinen akzeptieren kann.

Erst wenn der Mensch befähigt ist, über sich selbst freie Kontrolle auszuüben und den Partner als gleichwertig anzunehmen, ist der Weg geebnet, bei unterschiedlichen Bedürfnissen oder Konflikten, Lösungen zu finden, die für alle zufriedenstellend, d. h. die „befriedend“ sind.
Dass uns solche Lösungen bei den vielfältigen Problemen unserer Tage nicht zufallen, ist selbstverständlich. Wir brauchen Kreativität, Flexibilität und Mut! Und diese Fähigkeiten sind es auch, die wir unseren Kindern für ihre zukünftigen Aufgaben mitgeben soll(t)en.

Ich denke, dass die Vision von Rosenberg jedem engagierten Pädagogen und Zeitgenossen aus dem Herzen spricht. Der Blick, weg von allen Errungenschaften und Zerstörungen der modernen Kultur, hin zum Menschen mit seinen geistigen, sozialen und schöpferischen Fähigkeiten vollzieht sich zurzeit in unterschiedlichen Bereichen weltweit. Selbst Vorreiter der Unternehmensberatung wie der Wirtschaftswissenschaftler Leo Nefidow sprechen davon, dass wir dabei sind, die Grenze vom Informationszeitalter in ein psychisch-spirituelles Zeitalter zu überschreiten.

Ich erlebe diese Wende auch in den anthroposophischen Einrichtungen. Die Probleme liegen weniger in handwerklichen oder organisatorischen Unzulänglichkeiten oder in der Arbeit mit den Kindern – dazu gibt es genügend Material und auch sonstige Hilfe. Nein, was uns am meisten belastet, sind die Probleme im sozialen Miteinander! In vielen Einrichtungen sind Mediatoren von außen tätig oder Kollegen haben sich zusätzlich ausbilden lassen, um helfend zur Verfügung zu stehen. Wir sind dabei zu lernen, unsere eigenen Gefühle und Bedürfnisse zu formulieren, die der anderen Mitarbeiter erst einmal wahrzunehmen, dann sie anzuerkennen und nach Formen zu suchen, bei denen jeder sein kreatives Potential so einbringen kann, dass sich alle wieder finden und die Gemeinschaft bereichert wird.

Wie hilflos und fehlerhaft die ersten Versuche in einzelnen Einrichtungen auch immer ausgefallen sein mögen, es sind und waren Lernschritte. Sie sind unumgänglich, wenn wir uns auf den Weg begeben, uns selbst zu befähigen, unseren Kindern den sozialen Boden so zu bereiten, dass die Saaten, die sie für die Zukunft säen, darin aufgehen können.

Veränderungen sind immer beschwerlich, vor allem, wenn sie uns selbst betreffen. Sind wir nicht manchmal genauso hartnäckig wie unsere Gewohnheiten? Aber trotz allem: Veränderung ist möglich und unentbehrlich, wenn wir mitarbeiten wollen an einer Kultur des Friedens und der Partnerschaft. Vielleicht lösen sich die Burning-out-Zustände von selbst auf, wenn wir unsere Kraft nicht mehr in zwischenmenschlichen Reibereien vergeuden, sondern sie einsetzen zur achtsamen Entwicklung unserer geistigen Fähigkeit, uns selbst und den anderen mit Empathie und Kreativität zu begegnen – auch dann, wenn wir immer wieder über unseren eigenen Schatten springen müssen.

Das Gespräch als Begegnung

Forschungsergebnisse der linguistischen Kinesik

Das Geheimnis der unmittelbaren Begegnung zu erforschen, hat sich vor allem die linguistische Kinesik zur Aufgabe gestellt. Seit den 70er Jahren des letzten Jahrhunderts wurden in den Vereinigten Staaten, aber auch weltweit, im Rahmen der Kommunikationsforschung interessante Ergebnisse veröffentlicht. Einer der Wegbereiter der Kinesik Ray L. Birdwhistell schätzt, dass durchschnittlich 2000 bis 5000 Informationsbits pro Sekunde zwischen zwei miteinander sprechenden Personen ausgetauscht werden. William S. Condon, ein weiterer Forscher, beschreibt diesen Vorgang so: „Bildlich gesehen ist es, als ob der ganze Körper des Hörers in präziser und fließender Begleitung zur gesprochenen Sprache tanzte.“ *(Lutzker,Peter: 1996, S.43)*

Miteinander sprechen ist also kein neutraler Vorgang, sondern ein tief miteinander Verwobensein. Und das Erstaunliche und gleichzeitig auch wieder Selbstverständliche ist, dass dieses Verwobensein schon von Geburt an existiert.Wenn eine Mutter zu ihrem neugeborenen Baby spricht,

schwingt das (noch nicht sprechende) Baby bereits mit vielfältigen, kleinsten Bewegungen mit der Sprache der Mutter mit, so dass Mutter und Kind eine „tänzerische Einheit“ werden. Aber die Untersuchungen bringen noch Erstaunlicheres zu Tage. 1983 kommt der Wissenschaftler Tadaaki Kato zu dem Ergebnis, dass sich nicht nur das Neugeborene mit der Sprache der Mutter bewegt, sondern, dass diese äußerlich kaum wahrnehmbaren Bewegungen, rückfließend die Worte der Mutter zum Neugeborenen beeinflussen. Indem das Baby zu den Worten der Mutter „tanzt“, „beeindruckt“ es die Mutter so, dass diese ihre Antwort dem gemeinsamen Schwingen anpasst.

- Was erfährt man also vom Du?
- Eben nichts. Denn man erfährt es nicht.
- Was weiß man vom Du?
- Nur alles. Denn man weiß von ihm nichts Einzelnes mehr.

Martin Buber

Erschüttert von der Tragik des Ersten Weltkrieges konnte Martin Buber sein Hauptwerk „Ich und Du" konzipieren, das 1923 erschienen ist und das für mich zu den eben angeführten Forschungsergebnissen wie die „philosophische Betrachtung" steht:
„Das Grundwort Ich-Du kann nur mit dem ganzen Wesen gesprochen werden. Die Einsammlung und Verschmelzung zum ganzen Wesen kann nie durch mich, kann nie ohne mich geschehen. Ich werde am Du; Ich werdend spreche ich Du. Alles wirkliche Leben ist Begegnung." *(Buber, Martin: 1983, S.18)*

Rudolf Steiner hält im Herbst und Winter 1918 die Vortragsreihe „Die soziale Grundforderung unserer Zeit". Zwei von diesen Vorträgen widmet er ausführlich dem Vorgang der menschlichen Begegnung und führt in diesem Zusammenhang den Begriff des „sozialen Urphänomens" ein.
Was versteht Rudolf Steiner darunter?
„Wenn Mensch dem Menschen gegenübersteht, (ist) der eine Mensch immer einzuschläfern bemüht, und (will) der andere Mensch sich immerfort aufrecht erhalten. Das ist aber, um im Goetheschen Sinne zu sprechen, das Urphänomen der Sozialwissenschaft." *(GA 186,1979,S.175)*

Dieter Brüll erklärt diese kurzen Ausführungen Rudolf Steiners so: „Der Mensch, der den anderen Menschen verstehen will, muss bereit sein, sich für einen Augenblick von diesem einschläfern zu lassen. Insoweit ist er sozial: Er gibt sein eigenes Bewusstsein auf, und das Wesen des anderen erfüllt ihn. Sofort aber meldet sich sein asozialer Trieb, der den anderen aus sich hinauswirft, um sich selber im Bewusstsein zu behaupten: Der andere wird wieder zum Gegenüber, zum Objekt. Dieses Pendeln zwischen einem sozialen und einem notwendigen unsozialen Moment nennt Steiner das *soziale Urphänomen*." *(Brüll, Dieter: 1984, S. 141)*

In kleinen Alltagsmomenten können wir diesen Vorgang unmittelbar nachvollziehen. Wenn wir aus einer Theateraufführung kommen und so „hingerissen“ waren, dass wir nichts berichten können, außer „es war wunderschön“, dann ist das Theatererlebnis unmittelbar ins Unterbewusstsein gesunken und unsere Begeisterung hat den asozialen Pendelschlag nicht zugelassen, im Sinne von Erich Kästner: „Der Hinz und der Kunz sind rechte Toren: Lauschen offenen Mundes, statt mit offenen Ohren!“.

Das Gegenteil ist uns aus dem Alltag ebenfalls geläufig, wenn ein „Gespräch“ darin besteht, den Partner nur von der eigenen Meinung zu überzeugen und ein Eintauchen überhaupt nicht vorgesehen ist, wie in emotional geladenen Situationen, in denen vielleicht ein Eintauchen angestrebt, aber aufgrund der starken Befangenheit nicht möglich ist, sondern eher einer Überwältigung gleicht.

Eine Begegnung von Ich und Du findet statt, wenn das Wechselspiel von aufnehmendem Zuhören und sich Einbringen im Sprechen harmonisch ist. Wir schlafen in den anderen hinein und kommen erwachend wieder zu uns selbst, indem wir die Impulse des anderen mit uns selbst verbunden haben. Für kurze Zeit waren wir mit dem anderen so vereint, dass wir sein Wesen als unser eigenes erlebt haben. Diesen Vorgang erleben wir als zu tiefst befriedigend und sind erfüllt und bereichert, denn diese Begegnung ist die Begegnung von Ich zu Ich.

Für Rudolf Steiner wird der Mensch erst dann ganz Mensch, indem er diesen Prozess vollzieht. Erst „wenn (der Mensch) nicht nur sein eigenes Ich begreift, sondern ein anderes, wenn er einen Menschen innerlich ganz begreift, dann erst gehört er dem Menschenreich an". *(GA 104,1979,S.198)*

In einer unvollendet gebliebenen Erkenntnisstudie von 1910 nähert sich Rudolf Steiner der Begegnung von Ich zu Ich, indem er den Prozess des Redens und Zuhörens aus dem Sprechvorgang heraus untersucht.

Ausgehend von der Frage, wie es zu einer Begegnung von Ich zu Ich im gesprochenen Wort kommt, beschreibt Rudolf Steiner folgenden Prozess: Wenn der Mensch spricht, ist er ichhaft mit jedem Laut verwoben. Indem der Hörende dem gesprochenen Wort lauscht, sich ihm hingibt, taucht das Ich des Hörenden in die einzelnen Laute des Sprechenden unter. Da der Sprechende ichhaft in jedem Laut webend anwesend ist, erlebt der Hörende sein eigenes Ich in dem fremden Ich und der Sprechende das fremde Ich in dem Laut, in dem er sich selbst erlebt. *(Näheres GA 45,1970, Anhang 5)*

Jetzt ist es verständlich, warum in der Waldorfpädagogik dem Laut viel Aufmerksamkeit gewidmet wird. Ein richtiges Sprechen der Vokale und Konsonanten ist nicht nur die Voraussetzung zu einer guten Artikulation, sondern ist die Basis der Ich-Begegnung.

Ist es nicht geheimnisvoll, wie wir Menschen im Sprechen miteinander verwoben sind? Wie viel Verantwortung uns daraus erwächst! Gerade auch im Pädagogischen!

Gleichzeitig erleben wir tagtäglich wie wenig Gesprächskultur wir haben, indem wir „tölpelhaft" miteinander umgehen, dass wir uns der eigenen Kräfte berauben und uns gegenseitig verletzen, sodass an Stelle von Begegnung oft Entzweiung entsteht.

Gespräch als wahre Begegnung von Ich zu Ich will gelernt und geübt sein und ist nicht nur im Sinne Rosenbergs, sondern auch im Sinne der Anthroposophie das Menschlichste am Menschsein.

Grundlagen der Gesprächskultur

Zwischenmenschliche Beziehungen können die Hölle sein.
Oder eine wunderbare spirituelle Übung.

Eckhart Tolle

Die Begegnung von zwei Menschen ist ein so intimer Vorgang, dass er sich durch keine Methode erlernen lässt. Selbstverständlich ist es hilfreich oder notwendig, sich zeitweise dem einen oder anderen geführten Weg anzuvertrauen, aber letzten Endes ist jeder von uns aufgerufen, sich der Herausforderung der Begegnung immer wieder neu zu stellen.

Dazu sind gedankliche Anregungen, Einzel- und Gruppenübungen, künstlerische Betätigung und die gegenseitige Rückmeldung hilfreich.
Im Folgenden einige Gesichtspunkte.

Besinnung und Stille

Spirituelles Erwachen ist das Aufwachen aus dem Traum des Denkens.

Eckhart Tolle

Es ist nicht selbstverständlich, dass wir die Gefühle und Bedürfnisse, die in uns leben wahrnehmen, da unsere Aufmerksamkeit vom ständigen Fluss unserer Gedanken und der Beurteilung unserer Umgebung gefesselt ist.
Das, was wir selbst fühlen, taucht nur manchmal vehement auf, ist aber meistens vom Gedanken- und Handlungsstrom überdeckt. Erst wenn es uns gelingt, diesen und sei es auch nur für kurze Zeit zu verbannen oder aufzulösen, öffnet sich ein Raum des Lauschens und der Stille.

Wir erwachen plötzlich zu uns selbst und beginnen wahrzunehmen, was in uns und um uns lebt.

Kinder lieben Räume der Stille. Bringen sie uns diesen Raum nicht schon mit der Geburt mit? Wie verzaubert ist jede Familie in den ersten Wochen und Monaten durch die geheimnisvolle Stille um das Kind und kann des Neugeborenen wegen nicht anders, als miteinander einen leisen und achtsamen Umgang zu pflegen.

Wahrnehmung der Gefühle

In unserem Gedankenleben sind wir klar und bewusst. Deshalb können wir uns darüber Rechenschaft geben und uns untereinander austauschen. In unserem Gefühlsleben träumen wir dahin. Starke Emotionen dringen ins Bewusstsein und können auch benannt werden. Aber die „täglichen" Gefühle leben wir einfach. Sie bleiben unerkannt und auch unbenannt, obwohl uns die Sprache ein ganzes Spektrum von Worten zur Beschreibung emotionaler Befindlichkeit anbietet.
Der Psychoanalytiker Rollo May schlägt vor, dass „der reife Mensch die Fähigkeit entwickelt, Gefühle in genauso vielen Nuancen, starke und leidenschaftliche oder feinere und gefühlvollere zu differenzieren, wie sie auch in den unterschiedlichen Musikpassagen einer Symphonie vorkommen." *(In: Rosenberg, Marshall B.: 2003, S.51)*

Warum ist es notwendig, sich der eigenen Gefühle so bewusst zu sein, dass wir sie benennen können?

Wie ausgeführt, ist jede menschliche Begegnung ein Einswerden mit dem anderen, ein Verweben von Ich und Du. Wir tragen also in jede Begegnung unsere Befindlichkeit hinein. Das kann bereichernd, aber auch zerstörend sein. Damit dieser Prozess nicht der Willkür überlassen bleibt, ist es notwendig, sich der eigenen Gefühlswelt bewusst zu sein. Wenn es schon bei einem Besuch höflich ist, an der Tür zu klopfen und auf das „Herein" zu warten, um wie viel mehr erfordert der Herzenstakt Achtsamkeit und Zurückhaltung, wenn wir vor der Seele eines Menschen stehen!

Stimme und Stimmung

Gefühle sind die Mitte des menschlichen Seelenlebens. Es ist selbstverständlich, dass Gefühle nicht vom Organismus erzeugt werden, aber sie sind viel mehr mit ihm verbunden, als das Denken. Gefühle steigen aus dem Organismus auf und leben in ihm. Um unseren Gefühlen nachspüren zu können, kann es hilfreich sein, die körperliche Befindlichkeit wahrzunehmen. Darüber hinaus können wir auch über den Klang und die Melodie der Stimme Empfindungen und Gefühlsnuancen ins Bewusstsein heben.

Nehmen wir noch einmal den Grundvokal A. Nicht nur, dass sich der gesamte Mundraum weitet, damit sich das „offene A“ entfalten kann, auch unsere Seele öffnet sich und wird durchlässig, wenn wir ein „Ah“ (langgedehnt mit steigendem Ton) sprechen. Alle Menschen, die um uns stehen, können unmittelbar aus dem Klang und der Melodie, den Ausdruck unseres staunenden Erlebnisses wahrnehmen. Aber selbstverständlich kann das A auch kurz und mit fallendem Ton gesprochen werden und ist dann ein Ausruf der Abwehr und der Verneinung, drückt aber die Öffnung einer Sache gegenüber aus, die jetzt abgelehnt wird. Trotz der Fülle der Möglichkeiten im Einzelnen ist die Grundstimmung des Lautes A der Ausdruck des sich staunenden Öffnens. Wie das A hat jeder Laut seine typische Grundstimmung, die uns bei manchen Lauten geläufig ist und bei anderen überhaupt nicht.

„Michael Aschenbrenner schreibt in diesem Zusammenhang, dass jeder Laut in seiner tiefsten Schicht eine Gebärde ist, vergleichbar dem Lächeln, dem Runzeln der Stirn, dem Zucken der Schulter und dem Ballen der Faust im Zorn. So, wie diese jedem unmittelbar verständlich sind, sprechen auch die Lautpantomimen uns unmittelbar an und lassen Empfindungen in uns anklingen *(Aschenbrenner, Michael: 1973, S. 44)*.
Laute sind mehr als nur Bausteine der Artikulation, sowie Worte und Sätze mehr sind als Informationsträger. Wenn wir in die Laute hineinlauschen und uns ihnen einfühlend nähern, sind sie die besten Lehrer, um uns der eigenen Gefühle bewusst zu werden und um sie auch bei anderen wahrnehmen zu können.

Seht ihr nicht, wie Wort um Wort,
männlich, weiblich, sich umarmen,
in der Sprache fort und fort?

Ach, und dies ist noch nicht alles.
Wieviel Liebe kann oft wohnen
bloß im Wandel süßen Schalles!

Christian Morgenstern

Nun sind sich die Emotionsforscher weitgehend einig, dass sich die Fülle der Gefühle, derer wir fähig sind auf sechs primäre Gefühle oder „Basisgefühle“ zurückführen lassen, nämlich auf Überraschung, Angst, Wut, Ekel, Freude und Trauer. Diese sechs sind die Elemente, aus denen unsere vielen Gefühlsnuancen und Stimmungen ständig erwachsen und gespeist werden.

Im Weiteren kamen die Emotionsforscher zu dem Ergebnis, dass ein Kind, das in die Schule kommt, die Basisgefühle bereits so gut an sich kennt, dass es sie auch an anderen erkennen und benennen kann. Ein vier -, fünfjähriges Kind sieht, dass ein anderes traurig, fröhlich oder wütend ist. Es geht einem wütenden aus dem Weg (oder eben gerade nicht) und tröstet ein trauriges (oder meidet es). Diese Gefühlswachheit und -fähigkeit muss von der Erzieherin gepflegt und gefördert werden, gerade auch, im Umgang mit aggressivem Verhalten. So kann sie (und die anderen Kinder) unkontrolliertes Verhalten rechtzeitig wahrnehmen, abmildern und die Empathiefähigkeit anregen. Aufgrund dieser Erkenntnisse hat das Ministerium für Kultus, Jugend und Sport des Landes Baden-Württemberg 1998 das Programm „FAUSTLOS“ für Kindergärten und Grundschulen entwikkeln lassen. Ich weiß leider nicht mit welchem Erfolg es in den Schulen eingesetzt wird.

Ist es nicht interessant, dass eines der Basisgefühle das Gefühl der Überraschung ist?
Wenn wir noch einmal auf den Vokal A zurückschauen, so ist die Grundstimmung des Sichöffnens, das bedingungslose Staunen, die Empfindungsqualität des A-Lautes. Ist nicht der I-Laut wesensverwandt mit dem Ausdruck der Heiterkeit und Freude, und der U-Laut mit Trauer und tiefer Konzentration? Freude und Trauer sind zwei weitere Basisgefühle.
Ich denke, dass sich bei genauerem Studium noch mehr Parallelen ergeben würden. Das wäre auch einleuchtend, denn die Laute sind unmittelbarer Ausdruck von Stimmungen der Seele. Und warum sollten die Grundvokale nicht mit den seelischen Grundstimmungen zusammenhängen?

Unabhängig von dieser Fragestellung ist der künstlerische Umgang mit der Klang- und Melodiequalität des Lautes – erweitert dann auf Wort und Satz – ein gutes Einhören in die Welt der Gefühle.

Zuhören und die Fähigkeit zu Empathie

Im täglichen Umgang miteinander sind wir ständig dabei, uns gegenseitig zu beurteilen. Der ist faul, der andere vergesslich, der dritte unzuverlässig und der vierte sowieso. Wir erleben das Einengende dieses Verhaltens erst, wenn wir z.B. in einer Kinderbesprechung alles Bewerten außen vor lassen und nur so klar wie möglich beschreiben, welches Verhalten uns wann und in welchem Zusammenhang aufgefallen ist. Und aus den vielen Erfahrungen, die so zusammengetragen werden, entsteht ein lebensnahes Bild eines Menschen, in dem dieser als Persönlichkeit in Würde anwesend sein kann.
Für Rudolf Steiner hängt das Gelingen des Gespräches im Sinne des Vereinens von Ich zu Du davon ab, ob der Hörende in einer wahrnehmenden Offenheit das Wort des Sprechenden aufnehmen kann und sich damit ichhaft verbindet, oder ob der Zuhörende *(GA 165, 1981, S.224)* „das Wort schon zum Urteil geführt hat, bevor es noch in der Seele angekommen ist." Wir führen das Wort eines Menschen dann zum Urteil, wenn wir, bevor der andere ausgesprochen hat, bereits wissen, was er zu sagen hatte. Ist es nicht so, dass wir bei einzelnen Menschen fest überzeugt davon sind, was sie sagen werden, bevor sie überhaupt den Mund aufgemacht haben? Leider ist unsere Alltagskommunikation häufig von Selbstbehauptung und Abgrenzung geprägt.
Menschen zuhören und in einer Weise aufnehmen, die frei ist von Verurteilung, Kritik oder anderen Formen der Analyse, ist die Voraussetzung für ein gutes Gespräch. Und daran müssen wir arbeiten - das fällt uns nicht zu! Empathie tritt nur dann auf, wenn wir alle vorgefassten Meinungen und Urteile ablegen.

Lebendiges Hören ist auch eine Form der Liebe.

Romano Guardini

„Das Hören, das sich nur in den Ohren abspielt, ist eine Sache. So zu hören, dass man die Worte erfasst, ist eine andere. Aber das Hören der Essenz ist nicht auf einen der Empfangskanäle begrenzt, weder auf die Ohren, noch auf den Verstand. Sie erfordert viel mehr die Leere aller Empfangskanäle. Und wenn die Empfangskanäle leer sind, dann hört das ganze Wesen. Dann gibt es einen direkten Zugang zu dem, was direkt vor dir ist, was niemals nur mit dem Ohr gehört oder mit dem Verstand erfasst werden kann." *(Chuang-Tzu nach Rosenberg, Marshall B.: 2003, .S. 103)*

Beim Zuhören ist wesentlich, unseren starken Drang zurückzuhalten, Ratschläge zu geben, die Situation zu beschwichtigen oder unsere eigene Position darzulegen. Das fällt uns nicht leicht, weil wir uns dieses Verhalten wie eine zweite Natur zugelegt haben.

Wenn wir Menschen unsere uneingeschränkte Aufmerksamkeit geben und bei dem bleiben, was in ihnen vorgeht, bieten wir ihnen die Möglichkeit, ihr Inneres voll und ganz zu ergründen und auszudrücken. Es kann sein, dass sie dadurch in Kontakt zu tieferen Ebenen ihrer selbst kommen, was oft schon hilfreich und manchmal heilend sein kann und was ohne das einfühlende Zuhören nicht möglich gewesen wäre.

> Wenn du jemanden, der in den Raum des Jetzt tritt,
> als edlen Gast empfängst, wenn du jedem Menschen erlaubst,
> so zu sein, wie er ist, beginnt er sich zu verändern.
>
> *Eckhart Tolle*

Spiele und Übungen

Hören und Lauschen

- Die Gruppe verteilt sich im Raum. Wir schließen die Augen. Auf ein Klatschzeichen gehen alle mit geschlossenen Augen so achtsam durch den Raum, dass kein Zusammenstoß entsteht. Wenn es zu einer Berührung kommt, bleiben wir jeweils kurz stehen, um uns gegenseitig wahrzunehmen und abzuspüren, wohin der nächste Schritt gehen könnte. Am Ende der Übung bleiben alle noch kurz mit geschlossenen Augen stehen und versuchen, sich vorzustellen, wo sie jetzt im Raum sind und wie die Gruppenverteilung sein könnte.
  Mit einem Klatschzeichen öffnen wir die Augen und können dann unsere Erfahrungen austauschen.

- Dieselbe Übung ist auch beim Rückwärtsgehen möglich.

- Regenspiel: Wir sitzen im Kreis am Boden, den unsere Finger berühren. Indem einzelne Spieler beginnen, mit den Fingerkuppen auf den Boden zu klopfen, fallen die ersten Regentropfen, und es regnet immer mehr, ja es fängt an zu schütten, bis es zu einem Platzregen kommt, der dann langsam nachlässt bis nur noch vereinzelt Tropfen fallen.

- Wir bilden Paare. Jedes Paar einigt sich auf einen Ton, sei es einen Piepton, eine kleine Lautfolge oder eine Kurzmelodie. Nun führt jeweils ein Partner der Zweiergruppe den anderen, der die Augen geschlossen hat mit diesem Ton durch den Raum. Gleichzeitig bewegen sich auch die anderen Paare mit ihrem Ton im Raum. Der jeweils Hörende muss durch das Tongewirr, den zu ihm gehörenden Ton auch in der sich ändernden Färbung (schneller, lauter, eindringlicher etc.) erkennen, weil nur dieser es ist, der ihn vor Zusammenstößen bewahrt.

- Die Gruppe steht im Kreis. Jeder stimmt den individuellen Ton an, der seiner momentanen Stimmung entspricht, kräftig und klar. Nach einigen Sekunden versucht die Gruppe, sich in einem gemeinsamen Ton zu finden.

Lautstimmungen - Gefühlsstimmungen

- Nehmen Sie einen einfachen Satz, wie: „Ich weiß es einfach nicht".
  Nun tauschen Sie alle Vokale mit A aus: „Ach waß as anfach nacht" und achten darauf, beim Sprechen den Mundraum weit zu öffnen. Nehmen Sie die Öffnung und die Durchlässigkeit bis ins Seelische hinein wahr.
  Dann gehen sie zurück zum Ausgangsatz: „Ich weiß es einfach nicht.", aber behalten die Lautstimmung des Geöffnetseins bei, so dass nun die Stimmung des A-Lautes, den ganzen Satz durchzieht, obwohl der Laut selbst nur in „einfAch" direkt vorkommt.
  Dieser Versuch kann mit den fünf Grundvokalen gemacht werden.

- Sie können aber auch den Satz: „Ich weiß es einfach nicht." relativ schnell hintereinander in unterschiedlichen Stimmungen sprechen:

  staunend, nüchtern, freudig, wohlwollend, furchtsam oder
  überrascht, aktiv, sicher, liebevoll, gründlich oder
  ungeformt, angeekelt, licht, gemütlich, uralt

  indem Sie jeweils wie in einer Art Seelengymnastik, in die Stimmung schlüpfen, aber darauf achten, dass sich der Klang der Stimme wirklich der Stimmung anpasst.

- Alle stehen im Kreis. Einer geht einen Schritt in den Kreis und spricht in der Stimmung, die ihm gerade zufliegt, begleitet von einer Bewegung folgenden Satz: „Welch ein Tag heute!“. Dann schlüpft die Gruppe gemeinsam in diesen Satz, indem sie ihn so wiederholt, wie er gesprochen und bewegt wurde. Jeder Spieler gestaltet einen Satz!

- Marshall Rosenberg schlägt vor, unsere beiden Grundempfindungen: angenehm (sympathisch) und unangenehm (unsympathisch) anhand von einzelnen Situationen genauer zu beschreiben. Welche Gefühle können sich hinter „angenehm“ und „unangenehm“ verbergen? Nur einige Beispiele:

angenehm		*unangenehm*	
angeregt	begeistert	ängstlich	erschüttert
behaglich	fröhlich	ausgelaugt	schockiert
eifrig	strahlend	beklommen	hilflos
erstaunt	motiviert	empört	sorgenvoll
erleichtert	vergnügt	dumpf	verärgert
wach	hocherfreut	sauer	wütend

  In der Improvisation spielen wir uns unser individuell „angenehmes“ oder „unangenehmes“ Gefühl vor und lassen die anderen raten, was wir erlebt haben und ausdrücken wollten.

- Emotionale Reise: Wir nehmen einen längeren Satz aus der Zeitung oder einer Geschichte und lesen uns reihum den Satz vor, indem wir mit einer Stimmung beginnen und innerhalb des Satzes in eine andere Stimmung wechseln. Unser Nachfolger muss dann den Satz in unserer Stimmung übernehmen, aber diese in der Mitte des Satzes in eine andere verwandeln; z.B. Wut in Gelassenheit, Gelassenheit in Hysterie und Hysterie in Zärtlichkeit.

Kindern den Gesprächsboden bereiten

Lärmprävention

Aus „Spiegel Online“ in einem Interview mit Lärmexperten (Auszug):

> *„...In einigen Kindergärten müsste der Nachwuchs erwiesenermaßen einen Gehörschutz tragen, weil dort eine Lärmbelastung von über 85 Dezibel gemessen wurde...“*

Aus einer Studie der Universität Oldenburg:

> *„...Darüber hinaus wirken sich ungünstige Hörbedingungen auch auf die Qualität der Kommunikation aus. Die Mitteilungen werden kürzer und einfacher formuliert, es wird langsamer gesprochen, der Tonfall wird monotoner und insgesamt wird weniger mitgeteilt.“*

Obwohl verschiedene Untersuchungen (Prof. Zicha, Landshut) und Erfahrungen zeigen, dass im Montessori-Kinderhaus und besonders im Waldorfkindergarten die physikalische Schallintensität weitaus geringer ist, als in den städtischen Einrichtungen, ist es doch wichtig, sich bewusst zu sein, dass zum Geschehen im Kindergarten **laute, leise und stille** Phasen gehören.

Stille

> „Ein weiter Raum der Stille hält die gesamte Natur umfangen.
> Er umfängt auch dich.“
>
> *Eckhart Tolle*

Die **Natur** führt uns in die **Stille**. Der Naturraum mit seinen Klängen, nahe oder leise oder weit entfernte, erfordert konzentriertes Lauschen. In die Tiefe dieses Raumes können Kinder ihre eigenen Klänge, ihre eigene Stimme aussenden und sie im Echo zurückempfangen.
„Stille ist möglich durch Gehen. Ich gehe in der Stille – was für den erwachsenen Menschen der Jacobsweg sein kann, ist für das Kind die Qualität der Einheit von Atemrhythmus und Gehrhythmus. Stille fördert eine gleichmäßige Bewegung, einen gleichmäßigen Atem. Wer beim Besteigen eines Berges redet, verliert den Rhythmus des Atmens und des Gehens. Stilleerfahrungen gehören zur mentalen Hygiene.“ *(Miklitz, Ingrid in: „KiTa spezial“, 2005)*

In die **Stille** führt die beflügelnde Kraft der **Phantasie**, z.B. wenn Kinder einem Märchen zuhören oder wenn sie ein Finger- oder Puppenspiel sehen.

Still werden wir, wenn wir ganz in einer **Tätigkeit versunken** sind, z.B. beim Malen.

In der **Stille** können wir **Zwiesprache mit uns** selbst und **unserem Engel** halten.

O wundersame Stille!
Von Göttern eingehüllt
Verstummt mein Sonderwille.

Christian Morgenstern

Zur Selbstwahrnehmung

„[...] Jeder hat von uns schon einmal folgende Situation erlebt: Ein Kreis von erwachsenen Menschen ist zusammen. Im Laufe des Gesprächs kann ein Thema, das einigen Anwesenden persönlich peinlich ist, nicht vermieden werden. Es kommt zu einer gequälten Aussprache, die voller Lüge und Angst ist. Ein Kind, das zufällig dabei ist und die Lage nicht erfasst, weiß irgendwas, was alle anderen auch wissen, aber scheu verdecken. Das Kind wundert sich, dass die anderen das nicht zu wissen scheinen, was es weiß und sagt es rund heraus. Ein starres Entsetzen geht durch den Kreis – das Kind wundert sich und freut sich, weil es das richtige gewusst hat. Es ist etwas Irreparables geschehen. Das Gerede von Lüge und Angst ist jäh abgeschnitten. Lüge und Angst fallen plötzlich unter ein grelles Licht, sie werden entlarvt und müssen ohnmächtig unter diesem Licht dahinsterben. Was geschehen ist, ist nichts, als dass in der Gestalt dieses, sich über die Erwachsenen wundernden Kindes die Wahrheit ans Licht gekommen ist; das Wort hat die Erwachsenen in ihrer Verlogenheit vor sich selbst und voreinander bloß gestellt. Es war das Revolutionäre, was hier geschah. Durch wen geschah es? Durch das lachende, ahnungslose Kind, das die Dinge so sagte, wie sie waren. Das Kind allein war frei.“

(aus einer Predigt von Dietrich Bonhoeffer, 1932 in der Dreifaltigkeitskirche in Berlin)

Weil das Kind so offen und frei in die Welt und uns gegenüber tritt, fordert es uns ständig heraus, auch mit uns selbst offen umzugehen. Ironie, vorgetäuschtes Interesse, Misstrauen oder Hetze, um ein paar Beispiele zu nennen, müssen wir erst an uns wahrnehmen, um sie entlassen zu können und dem Kind wieder offen zu begegnen. Sind die Gefühle aber so stark, dass sie nicht nur eine oberflächliche Unaufmerksamkeit von uns sind, müssen wir sie annehmen und zu ihnen stehen. Welchen individuellen Weg wir auch immer gehen, die Ursache dieser Gefühle in uns aufzudekken und wie auch immer zu beheben, wichtig ist, dass wir authentisch sind und bleiben.

Zuhören und Empathiegeben

Vreni Merz ist Religionspädagogin und unter anderem in der Aus- und Fortbildung für Erzieherinnen in der Schweiz tätig. Sie hat sieben Tipps zusammengestellt, die ich in diesem Zusammenhang verkürzt wiedergebe *(Dem Kind zuhören, in: Welt des Kindes 2/2007).*

Tipp 1 **Interessieren Sie sich wirklich!**
Interessiertes Zuhören stellt eigene Vorstellungen in den Hintergrund und ermöglicht, sich ganz auf das Kind einzulassen.

Tipp 2 **Schenken Sie Gehör!**
Hören Sie in aller Offenheit zu. Vieles klingt aus Kindermund köstlich, interessant und durchaus originell. Vieles nehmen Kinder ja ganz anders wahr. Wenn wir es nun aus „erster Hand“ erfahren, hören wir über das längst Selbstverständliche hinaus etwas Neues.

Tipp 3 **Wenden Sie sich zu!**
Wann immer Sie merken, dass ein Kind mehr braucht, als nur die halbe Aufmerksamkeit, wenden Sie sich ihm zu. Schauen Sie es an und nehmen es gegebenenfalls in die Arme und Sie werden viel mehr erfahren.

Tipp 4 **Hören Sie mit dem Herzen!**
Halten Sie ihr Mitgefühl wach, aber nicht übertrieben besorgt, sondern so, dass das Kind sich wirklich verstanden fühlt. Seine Sorge, seine Trauer, seine Freude, seine Wut soll, wie von ihm gemeint, bei uns ankommen und es steht ihm zu, ganz ausreden zu dürfen.

Tipp 5 **Nehmen Sie Anteil!**
Zuhören heißt Anteilnehmen im wörtlichen Sinn: Ich nehme die Teile an, die man mir mitteilt. Einfühlsame Rückfrage können die Anteilnahme intensivieren: „Wie hast du das gemacht?“ „Und dann, wo bist du hingegan-

gen?". Im Sprechton und der Art wie wir die Fragen stellen, soll das Kind unser inneres Dabeisein spüren und keine Kontrolle, keinen wie auch immer gearteten Vorwurf, kein Desinteresse.

Tipp 6 **Denken Sie über das Gehörte nach!**
Bei bestimmten Botschaften ist es gut, andere zurate zu ziehen, die ebenfalls mit Kindern zu tun haben. Manchmal ist es aber auch nur verwunderlich und erheiternd, so dass wir im Nachhinein noch darüber staunen oder einfach nur schmunzeln können.

Tipp 7 **Halten Sie die Ohren offen!**
Wir müssen lernen, Wichtiges aufzunehmen! Nicht alle Kinder verschaffen sich von selbst Gehör. Es ist wesentlich, auch diesen Kinder durch unser Feingefühl die Möglichkeit zu geben, sich angstfrei zu äußern, wenn sie etwas beschäftigt.

Wie entwickelt sich die Gesprächsfähigkeit?

Zwischen Kind und Erwachsenem...

So wie das Kind durch langsame Annäherung Laute, Worte und Sätze lernt, so entwickelt sich auch die Dialogfähigkeit Schritt für Schritt. Die Mutter interpretiert Lautäußerungen, Mimik und Gestik des Säuglings von Geburt an. Sie versucht wahrzunehmen, ob der Säugling es z.B. liebt, gebadet zu werden oder nicht, ob er Scheu vor dem Wasser oder nur in diesem Moment keine Lust auf ein Bad hat. Umgekehrt lernt der Säugling, den Interpretationsversuchen der Mutter zuzustimmen, in dem er z.B. jauchzt und strampelt, wenn er das Wasser nur sieht, oder durch Schreien, darauf beharrt, dass ihm ein neues Angebot unterbreitet wird. **So lernt er, sich mit der Mutter zu verständigen, lange bevor er spricht.**

Die nächste Dialogstufe entsteht durch erste Spielformen, wie „geben – nehmen" und „zeigen – verstecken(guckguck - weg ist es)". In einem kleinen Spiel zeigt die Mutter dem Kind z.B. ein Püppchen („Püppchen ist da!"), und versteckt es, sobald es wahrgenommen wurde („weg ist es" – „ja, wo ist denn das Püppchen?"), um es ihm gleich wieder zu zeigen („da ist das Püppchen"). Nach so einem kleinen Spiel genießen Mutter und Kind erneut ihr Zusammensein. Die **ritualisierten Spieldialoge** haben für die Sprachentwicklung zentrale Bedeutung. Zum einen erfährt das Kind, die gemeinsame Ausrichtung der Aufmerksamkeit auf ein Objekt, was Grundlage zukünftiger Gespräche ist und zum anderen erlebt das Kind erste Gesprächsregeln. D.h. es erfährt, dass auf eine Frage eine Antwort erwartet wird und dass es Regeln eines Sprecherwechsels gibt. Die klare Form der Spieldialoge fängt die Schwächen des Kindes auf und gibt ihm die Möglichkeit, sich aktiv in den Spielrahmen einzubringen, ja ihn schrittweise zu erweitern.

Der Sprachstil des Erwachsenen ist während der Zeit des Spracherwerbs sehr anpassungsfähig (Ammensprache/Baby-talk). Der Erwachsene wählt sowohl seine Sprechweise als auch die Form der Spieldialoge entsprechend der kindlichen Fähigkeiten. Er orientiert sich jeweils am kindlichen Sprachverständnis und meidet komplexe Äußerungsformen, die das Kind nicht versteht, beharrt aber andererseits z. B. auf Wortproduktionen, die das Kind schon leisten kann. So lässt er ein „Babbeln" nicht mehr zu, wenn das Kind ein Wort schon kennt. An dieser, sagen wir, „**einfühlsamen Dialogführung**" durch den Erwachsenen erfährt das Kind im Laufe der Zeit wie das Sprechen über ein Thema sich durch mehrere Gesprächsschritte erweitert, vertieft und mit anderen Fragestellungen weitergeführt werden kann. Es erwirbt in diesem geschützten Rahmen seinen Wortschatz, seine Ausdrucksmöglichkeiten und die Grundformen des Gespräches.

Gut nachzuvollziehen ist dieser Vorgang am **Wandel des ritualisierten Spieldialoges „Frage-Antwort"** vom Ende des zweiten bis herauf zum sechsten, siebten Lebensjahr. Wenn die Frage „Is'n das?" mit „Das ist ein Fisch" im zweiten Lebensjahr befriedigend beantwortet war, so entspinnt sich ein richtiges Worttennis, wenn diese Frage im fünften Lebensjahr gestellt wird. „Ist das ein Mutterfisch?" „Weil er so groß ist, meinst Du?" „Kann er auch gefressen werden?" „Wieso? Hast Du eine Katze gesehen?" „Fressen Katzen Fische?" usw. Und aus dem Frage-Antwort-Dialog kann sich jetzt ein Gespräch entwickeln, in dem Erlebnisse mit Tieren, Berichte über etwas, was man gehört hat, aber auch über Sorgen oder Wünsche zu Wort kommen.

Im Alter zwischen vier und sieben Jahren führen einzelne Spieldialoge zu verschiedenen **Sprechanlässe und Stilformen:**

Erzählen
Kinder lieben es zuzuhören, wenn man etwas aus dem eigenen Leben erzählt und fragen gerne nach, um mehr zu hören.

Plaudern
Nach dem Erzählen des Märchens gibt es oft Zeit, einfach zu sitzen, das Miteinander zu genießen und zusammen zu plaudern.

Witze erzählen
Beim Teekochen und Teigkneten kann eine heitere Situation entstehen: Knetest du auch gerade den Tee? Oh, ich sehe, da kocht Susanne den Teig! Und ein fröhliches Wort ergibt das andere!

Verhandeln
Im Freispiel verhandeln die Kinder oft untereinander, „wer mit wem was". Da müssen Bedürfnisse abgeklärt und Kompromisse gefunden werden und der Rat der „Großen" ist oft hilfreich, manchmal auch der der Erwachsenen.

Kommentieren
Was gibt es nicht alles im Garten zu entdecken, wenn umgegraben wird! Woher nur der Regenwurm kommt, wie lange er es über der Erde aushält, ob Regenwürmer etwas trinken, ob dieser eine Mutter oder ein Vater ist und...

Streiten
Wenn Hilfe vom Erwachsenen benötigt wird, ist darauf zu achten, dass die Streitparteien gleichwertig sind, jede ausreden darf und angehört wird und dass Raum für eine Aussöhnung gegeben wird. Manchmal sind auch Tipps nötig, wie z. B. die Idee über einen Auszählvers zu klären, wer als erster ein Spiel beginnen darf.

Weltgespräche
Kinder lieben es zu philosophieren. Wieso hat die Hexe eine so lange Nase? Vielleicht versteckt sie ihren Zauberstab darin? Was essen die Engel? Götterspeise? Aber auch Gedanken zu gut und böse werden formuliert und Vorstellungen zu Leben und Tod, Himmel und Erde ausgesprochen.

Ernst genommen zu werden in dem Versuch, die Welt und die eigenen Träume fragend zu verstehen, heißt für das Kind angenommen zu werden als geistig suchender Mensch.

...und der Kinder untereinander

Gegen Ende des dritten Lebensjahres lassen sich erste Gespräche zwischen Kindern beobachten, d.h. Kinder sind dann in der Lage, ein Gespräch über mehrere Schritte aufrechtzuerhalten und sich auf vorangegangene Äußerungen zu beziehen.

In den ersten Gesprächen werden häufig wechselseitig die gleichzeitig ablaufenden Handlungen kommentiert. Die sprachliche Äußerung ist nicht willkürlich, sondern wird eingefordert, da klar vorauszusehen ist, wann ein Sprecherwechsel ansteht.

„Annanda dan"
(Anhänger dran)
„Tatoa faat"
(Traktor fährt)
„Tatoa arasche rein"
(Traktor fährt in die Garage)

„Püpi säft"
(Puppe schläft)
„Püpi tink bissen"
(Puppe trinkt ein bisschen)
„Püpi dänditsch"
(Puppe ist ein Schätzchen)

Die **ersten Kindergespräche** erproben den harmonischen **Wechsel der Sprecher**. In der Mitte des vierten Lebensjahres kommt ein neues Element dazu, nämlich die Bemühung, um den eindeutigen **Gesprächsbeginn.** Dazu dienen häufig Floskeln, wie: „Weißt du was?" – „Ja?" Reicht diese Form nicht aus, das Interesse auf sich zu ziehen und genügend Zuhörbereitschaft zu wecken, kann die Aufmerksamkeit durch verbal oder nonverbal auffälliges Verhalten oder auch gezieltes Stören hervorgerufen werden.

So werden im **5. Lebensjahr** viele Möglichkeiten der **Gesprächseröffnung** erprobt. Gleichzeitig lösen sich die Gesprächsinhalte vom unmittelbaren Handlungszusammenhang, sodass an die Dialoge höhere Anforderungen gestellt werden. Nun gibt es keinen eindeutigen Sprecherwechsel mehr, sondern die Reihenfolge und die Länge der Gesprächsbeiträge muss nach dem Gesprächsinhalt organisiert werden.

Vorschulkinder können bereits **Gesprächsbeiträge** so einbringen, dass sie an die jeweilige Zuhörerschaft angepasst sind und Reihenfolge und Länge der Beiträge stimmen. Kommt es vor, dass mehrere Kinder gleichzeitig sprechen, wird dies als Störung empfunden. Das Kind wiederholt eine Äußerung, die nicht verstanden wurde, oder weist jemanden darauf hin, jetzt ruhig zu sein. Es kennt verschiedene Formen der Gesprächseröffnung und des Gesprächsabschlusses.

Interessant ist, dass Vorschulkinder (ähnlich wie Erwachsene) ihren Sprachstil dem Sprachverhalten jüngerer Kinder, oder Kindern mit Sprachschwierigkeiten anpassen, also Verantwortung für das Gespräch übernehmen, wobei umgekehrt die anderen Kinder sprachlich von den Vereinfachungen profitieren.

Kinder tolerieren monologisches Sprechen von Kindern weniger, d.h. sie unterbrechen, wollen einbezogen werden und bewirken, dass die Gesprächsform sozialer wird.

„In Dialogen mit Erwachsenen überwiegen kindliche Fragen, insbesondere »Warum-Fragen«, während in Gesprächen mit anderen Kindern Fragen selten auftreten. Hier dominieren in inhaltlicher Sicht Feststellungen von Gemeinsamkeiten und Unterschieden sowie Ansätze zur Koordination gemeinsamer Handlungen." *(Strätz,R. aus: Kolonko, Beate, 2001, S.52)*

Beobachtungshilfen *(nach dem Beobachtungsbogen „SELDAK“)*

Beteiligung in Gruppengesprächen

- Hört das Kind bei Gruppengesprächen aufmerksam zu oder hat es weniger Interesse?
- Bringt es eigene Beiträge ein?
- Greift es Gesprächsbeiträge von anderen auf und geht darauf ein?
- Stellt es in Gruppengesprächen gezielte Fragen?
- Bleibt es mit seinen Gesprächsbeiträgen beim Thema?
- Spricht es vor einer größeren Gruppe ohne Hemmungen?
- Kann es anderen Kindern gut oder weniger gut erklären?

Kommunikatives Verhalten in Gesprächssituationen

- Nimmt das Kind beim Sprechen Blickkontakt auf?
- Stellt es sich im Tonfall, Lautstärke und Sprachgebrauch auf die Situation und die Partner ein?
- Versucht es schwierige Situationen (z.B. bei einem Konflikt) auch sprachlich zu fassen?
- Erzählt es so, dass es für andere Kinder interessant ist?

Kreis-, Finger- und Puppenspiele

Was ist der besondere Gestaltungsaspekt von Versen und Sprüchen, wenn sie die Begegnungs- und Gesprächsfähigkeit unterstützen und fördern sollen?

Das Märchen erzählt uns bildhaft und in großen Bögen von Personen, Begebenheiten und Schwierigkeiten. Nur in entscheidenden Momenten sprechen die „Hauptakteure" unmittelbar miteinander: in der so genannten „direkten Rede". Hier wird die erste dramatische Form im Erzählstrom erlebbar, denn Dramatik beinhaltet immer eine personifizierte Begegnung. Was kann alles „Person" werden und miteinander unmittelbar in Beziehung treten? Das Schifflein mit dem Sturm, der Fisch mit dem zugefrorenen Teich, die Gabel mit dem Messer, aber auch der Hase mit dem Jäger.

Unter dem Gesichtspunkt der Begegnung eine künstlerische Gestaltung suchen, heißt eine Entscheidung über die Form der Personifizierung zu treffen. Nehme ich ein Kreisspiel gekoppelt mit einer „pantomimischen" Darstellung, ein Handgesten-, ein Finger- oder ein Puppenspiel? Alle Formen sind möglich, wenn klar ist, wer der „Hauptakteur" ist (ihn werde ich meistens personifizieren) und wie dessen Beziehung zu den anderen Mitspielern und zur Gesamtgeschichte sein soll.

Lassen Sie sich von ihrer Phantasie führen...

(Mehrere Bachstelzen, ein Gnom, der Busch)
Bachstelzen wippen, schwippen und nippen.....aber ein Gnom hörte es schon, guckt durch den Busch – husch, husch!

Marianne Garff

(Das Schifflein, das Meer und der Sturm)
Fährt das Schifflein übers Meer, wackelt hin und wackelt her.....kommt der starke Sturm daher, schüttelt´s arme Schiffchen sehr.....

(Mehrere Hasen, der Jäger und der Wald)
Am Waldesrandrasen
Hüpfen die Hasen,
Am Silbertännchen,
Machen fein Männchen.
Knackt's hinten im Wald,
Pst! – Halt! –
Spitzen die Ohren:
O weh! – verloren!
Der Jäger ist da,
Schon ganz nah!
Nun aber heidiii!
Und stieben und purzeln davon wie noch nie.
Kommt der Jäger zum Silbertännchen Ort:
Alles schon fort!
Nur die Krähe kräht:
„Ätsch! Zu spät!"

(Die Eisdecke, der Frühling und der Fisch)
Der Teich ist zugefroren zu Eis.
Der Frühling legt seine Hand ganz leicht
auf die Eisdecke sacht
das Eis es knackt
und kracht
und bricht -
heraus guckt ein Fisch!

„Duck" sagt die Henne
kommt auf die Tenne.
„Dack" sagt der Hahn
fangen wir an.
Sie ducken
und glucken,
sie dackern
und gackern
und legen das Ei!

Fingerspiele:

Dickerle Dapperich

Zeigefinger *(zum Daumen)*:	Dickerle Dapperich! Nimm mich, ich bitte dich, heirat doch mich.
Daumen:	Du bist so zappelig, dich nehme ich nicht.
Mittelfinger *(zum Daumen)*:	Dickerle Dapperich! Nimm mich, ich bitte dich, heirat doch mich.
Daumen:	Lang bist du fürchterlich, dich nehm ich nicht.
Ringfinger *(zum Daumen)*:	Dickerle Dapperich! Nimm mich, ich bitte dich, heirat doch mich.
Daumen:	Du bist so liederlich, dich nehm ich nicht.
Kleiner *(zum Daumen)*:	Dickerle Dapperich! Nimm mich, ich bitte dich, heirat doch mich.
Daumen:	Du bist so lieb und fein, du sollst mein Weibchen sein. Du bist nicht zappelig, fürchterlich, liederlich, du bist für mich.

Alfred Baur

Der kleine Einkauf

Häuschen:	*gebildet von den Händen, wobei sich die Fingerspitzen berühren, die Daumen sind frei.*
Theke:	*gebildet von den übereinander gelegten Zeigefingern und über ihnen, das mit den Händen gebildete Häuschen, vor ihnen die beiden Daumen.*
Kunden:	*die beiden Daumen*
Verkäufer:	*der kleine Finger oder beide.*

Verkäufer:	Grüß Gott, grüß Gott, was wollen sie?
Kunden:	Zucker und Kaffee.
Verkäufer:	Da haben sie's. Da haben sie's.
Kunden:	Ade, ade, ade.
Verkäufer:	So warten's doch, so warten's doch. Sie kriegen noch was raus.
Kunden:	Behalten sie's, behalten sie's. Wir müssen jetzt nach Haus.

Im Anhang führt Petra Thal zwei Bewegungsvorschläge zu Fingerspielen mit Fingerpuppen und eine Umsetzungsidee zu einem Puppenspiel aus.

Zum Puppenspiel

Puppenspiele sind bereits eine erste dramatische Form, da zu den Haupt- und Nebenfiguren eine, wie auch immer geartete, Kulisse kommt. Im Unterschied zu einer Theateraufführung ist die Erzieherin als Erzählerin und Regisseurin, die die „Fäden in der Hand hat", für alle sichtbar und begleitet das ganze Geschehen mit.

Was sind typische Inhalte von Puppenspielen?
Die Hauptperson gerät durch besondere Charaktereigenschaften oder bestimmte Umstände in eine lustige oder eine schwierige Situation, mit der sie nicht gerechnet hatte und die sie nun mit Hilfe von anderen Menschen, Tieren oder sonstigen Wesen meistern muss. So geht es dem Bübchen (das immer mit will und letzten Endes nicht mehr kann), der Katze (die alle frisst, aber alle Gefressenen wieder befreit werden) und den Wichtelmännchen (die heimlich in der Nacht arbeiten und durch Neugierde vertrieben werden).

Die erzählten Geschichten beschreiben freudige, ängstliche, mutige, verzwickte und befreiende Situationen, in die die Kinder durch die handelnden Personen geführt werden. Die Zuschauer hören und sehen, was Menschen erleben, aber auch erleiden und wie sie sich und die Situation verwandeln können.

Für Puppenspiele eignen sich viele Geschichten und Märchen, die im Zusammenhang mit dem handlungsersetzenden Sprechen aufgeführt wurden. Das reine Erzählen regt das bildhafte Denken an und stärkt die Phantasiekräfte. Werden dieselben Geschichten dramatisiert, also die handelnden Personen gezeigt, lebt der Zuschauer dagegen intensiver in den Seelenstimmungen der gezeigten Bühnenfiguren, was das Einfühlungsvermögen und die Kommunikationsfähigkeit erweitert.

Improvisationsspiele

„Du wärst der Hund und ich geh' mit dir spazieren."
„Ich bin die Prinzessin" - „Und ich bin der Ritter Georg".
„Wir spielen Vater, Mutter, Kind".
Wie viele solcher und ähnlicher Rollenspiele werden täglich im Kindergarten gespielt! Kinder lieben es, sich zu verkleiden und jemand anderer zu sein. Sie kriechen auf dem Boden und verwandeln sich in ihrer Phantasie sofort in ein blökendes Schaf oder einen brüllenden Löwen.
Wenn die Erzieherin selbst Freude am Improvisieren hat, kann Sie ebenso spontan wie die Kinder in einzelne Rollen springen. So wird Sie zur „dünnen Nadel" (nach dem Nähen), zur „welken Blume" (wenn Sie sieht, dass die Blumen gegossen werden müssen), oder zum „Kerzenstummel" (wenn Sie bemerkt, dass die Kerze fast abgebrannt ist). Wenn die Freude der Kinder am Rollenspiel wahrgenommen, gepflegt und angeregt wird, ist es viel einfacher ein festliches Kreisspiel, wie das Weihnachtsspiel mit verteilten Rollen mit der Gruppe durchzuführen.

Sprachkünstlerische Gestaltungsmöglichkeiten - Rückblick

Als Anregung zur Förderung der vier Sprachbereiche sind uns viele Verse und Gedichte, jeweils unter einem anderen Gesichtspunkt begegnet.

- Bei den Lautgedichten steht sowohl beim Sprechen, wie bei der Bewegungsgestaltung der Laut im Mittelpunkt. Zuerst wird die Entscheidung gefällt, ob der Vers mehr konsonantisch geprägt ist oder mehr vokalisch. Ist eine differenzierte Bewegungsgestaltung und eine ausgeprägte Artikulation angebracht oder eine bestimmte seelische und klangliche Atmosphäre?
  Handelt es sich um ein konsonantisch geprägtes Gedicht (was häufiger der Fall ist), sucht man nach der charakteristischen Bewegungsgestaltung aus dem Laut und übt die richtige Artikulation. So erfährt das Kind den Laut, die Lautgruppe oder die Lautkombination in der Einheit von Bewegung und Sprache. Dieser Vorgang fördert das „hörende Erkennen der Buchstaben", was Basis des Schriftspracherwerbs ist.

- Bei den Gedichten zum menschlichen Leben und zum Tages- und Naturgeschehen steht das Wort selbst im Zentrum. Welche Worte zaubern eine bestimmte Atmosphäre herbei? Treffen sie den Rhythmus und den Klang einer Tätigkeit? Öffnen sie den Blick in die Natur? Sind sie witzig, geistreich, originell und anregend für die Sprache des Kindes?
  Regen sie mich an, eine Bewegungsgestaltung zu finden, die die Aussage des Gedichtes unterstreicht oder akzentuiert?

- Geschichten und Märchen (und auch vereinzelte Gedichte) bauen in unserer Phantasie eine Welt von Bildern auf. Wie wähle ich aus? Sind die Sätze und die Absätze so ineinander verwoben, dass ich mich auf das Geschehen und auf die Beschreibungen einlassen kann? Werde ich neugierig, wie es weiter- und wie es zu Ende geht? Beschäftige ich mich als Erzähler ausreichend mit den Satzstrukturen, dass ich mittels dieser Strukturen die Geschichte erst künstlerisch erzählen kann?

- Wie lebendig gelingt es mir in verschiedene seelische Stimmungen (z.B. wohlwollend, heiter, unheimlich, tapfer, neidisch) einzutauchen, so dass diese bis im Klang der Stimme hörbar werden? Wie spreche und gestalte ich ein Gedicht oder eine kleine Geschichte, damit den Zuschauern die Entwicklungsschritte von Menschen, Tieren und anderen Wesen „anschaulich" werden? Wähle ich ein Kreis-, Finger-, Handgesten- oder Puppenspiel?

- Selbstverständlich zeichnet sich ein künstlerischer Text dadurch aus, dass er erst durch das harmonische Zusammenspiel von Lauten und Rhythmen, von Bildern und Satzgebilden, aber auch von Gefühlsstärke und Wahrhaftigkeit die Anziehungskraft erhält, die Sie vielleicht zur Auswahl bewogen hatte. Ein gelungener Vers oder Spruch ist immer eine Einheit! Die gegebenen Anregungen sollen eine Gestaltungshilfe sein – nicht mehr und nicht weniger.

Betrachten Sie die Texte und die Gestaltungsangebote als einen Vorschlag, der Sie zu eigenem künstlerischen Schaffen inspirieren könnte! Bitte vergessen Sie nicht, dass die Menge der im Kindergarten gesprochenen Gedichte oder erzählten Geschichten nicht entscheidend ist, sondern die aus Überlegung getroffene Auswahl und die auf Sie und Ihre Kinder zugeschnittene Gestaltung.

Ausklang

„Worte, die von Herzen kommen,
gehen zu Herzen.“

aus Israel

Die Worte Herders „Empfinde nicht für dich allein: sondern dein Gefühl töne!“, mit denen der erste Teil dieser Ausführungen begann, deuten darauf hin, dass der Mensch vom ersten Schrei an ein soziales Wesen ist, das zu einem Du spricht und von ihm gehört werden will.

Die Fähigkeit, sich selbst zu äußern und die Fähigkeit, dem Anderen zuzuhören, differenziert sich im Laufe eines Lebens immer mehr. Das Baby und Kleinkind lernt, alle Laute zu sprechen und der einfühlend zuhörende Erwachsene muss sein ganzes Sprachkönnen zurückstellen, um ganz in die „unvollkommenen Sprachäußerungen“ des Babys und Kleinkindes einzutauchen und es verstehen zu können. Und es geht!

Welche Freude entsteht, wenn das Kind zum ersten Mal „Papa“ und „Mama“ im Sinne eines Namens ausspricht und wir uns vom Kind „erkannt“ fühlen, indem es uns benennt. Welche Einheit in den ersten Lebensjahren oft zwischen dem Kind und den Eltern besteht, obwohl die Kommunikationsbedingungen, vom gemeinsamen Sprachniveau aus gesehen, denkbar ungünstig sind!
Und wie viel Missverständnisse durch Worte in späteren Jahren entstehen können, obwohl alle auf einem gemeinsamen Sprachniveau sind!

Sprache beherrscht man nicht, sondern man nähert sich ihr immer wieder neu, wie unterschiedlich die Bedingungen auch sein mögen.

Miteinander im Gespräch sein heißt, sich auf den Weg zu machen und erfordert immer wieder von neuem die Aufmerksamkeit auf uns selbst und zum anderen hin.

Das Anliegen dieser Schrift ist es, Eltern und Erzieherinnen anzuregen, die Kinder zu befähigen, diesen Weg durch ihr ganzes Leben hindurch mit Freude und Zuversicht zu gehen.

Anhang 1

Wie finde ich eine künstlerische Bewegung zu Sprüchen und Versen? *(Petra Thal)*

Zwei Beispiele der Bewegungsgestaltung aus dem Laut

Das Wasser ist so frisch,
darinnen schwimmt ein Fisch.
Das Fischlein ist so munter,
Es schwimmt hinauf, hinunter,
hinunter in den tiefen See.
Es tun ihm keine Füße weh!
Die Sonne scheint so helle,
das Fischlein ist gar schnelle.

(Ein Vers bei dem die Vokale, also die Stimmung im Vordergrund steht.)

Das Wasser ist so frisch,

Der Erzieherin gestaltet ruhige Wellenbewegungen mit beiden Armen und Händen hoch und runter, nach vorne und führt bei dem Wort "frisch" die Hände mit gespreizten Fingern und mit einem leichten Impuls (wie wenn Wasser leicht aufspritzt) auseinander und in einer Kreisbewegung nach außen wieder zu sich heran.

darinnen schwimmt ein Fisch.

Die Hände mit den Handinnenflächen zusammenlegen (die Daumen sind oben). Die Hände werden hin und her geführt (rechts und links) mit leichten, ruhigen Wellenbewegungen. Der Oberkörper schwingt mit der Wellenbewegung. Es können auch beide Hände einzeln parallel als Fisch gestaltet werden. Dadurch entsteht eine größere Beweglichkeit mit den Fingern.

Das Fischlein ist so munter.

Das Fischlein, die zusammengelegten Hände, werden etwas schneller hin und her bewegt und der Oberkörper geht nicht mehr mit. Mit den zusammengelegten Händen (oder mit den parallel geführten Händen) kann das "munter" durch leichte, schnelle gegenseitige Berührungen mit Fingerspitzen unterstrichen werden.

Es schwimmt hinauf, hinunter,

Die zusammengelegten Hände (Fisch) werden mit Wellenbewegungen von oben nach unten geführt bis zur Mitte des Oberkörpers.

hinunter in den tiefen See.

Dann werden die zusammengelegten Hände mit leichten Wellenbewegungen von oben nach unten bis zu den Füßen herunter geführt. Ebenso die parallel geführten Hände.

Es tun ihm keine Füße weh!

Entweder werden die eigenen Füße gestreichelt oder die Füße oben auf den Zehen berührt. Es können aber auch die Zehen mitbewegt oder die Hände (Handflächen nach unten)geöffnet werden und die Finger zappeln leicht oder die Finger werden abwechselnd gestreichelt.

Die Sonne scheint so helle,

Die Arme werden mit den geöffneten Handinnenflächen langsam nach oben geführt. Dabei werden die Hände nach außen gedreht (die Daumen ganz nach außen gewandt) und zur runden Gebärde bis über dem Kopf geführt. Die Fingerspitzen schließen sich fast zusammen.

das Fischlein ist gar schnelle.

Mit fließender Bewegung die Arme herunter führen und die Hände zusammenlegen zur Fischgeste (mit den Daumen nach oben) und mit einer Wellenbewegung leicht hoch und runter und nach vorne bewegen. Bei „schnelle" öffnen sich vorne die Hände, wie wenn der Fisch noch weiter schwimmen würde.

Der Spruch könnte in die Mehrzahl zu Fischen umgewandelt werden, die Fische könnten auch die Zeigefinger sein.

Was sagt das Zwerglein Knickeknack,
Knickknack mit dem Nüssesack?
Ich kann hacken,
ich kann knacken,
kann die kleinen Nüsse knacken,
kann sie in mein Säcklein packen.
Huckepack, huckepack
Knickknack mit dem Nüssesack.

Alfred Baur

(Der Vers wird von den Stoßlauten k und kn geprägt)

Was sagt das Zwerglein Knickeknack,

Die Hände werden als spitzes Dreieck, als Zipfelmütze auf den Kopf gesetzt, und bei Knickeknack wird die Zipfelmütze mit kurzer Bewegung nach vorne und wieder zurück geführt.

Oder:

Die Hände werden in die Hüfte gestemmt, bei „Knicke" mit den Zeigefingern auf den Oberschenkel drücken und zurückfedern und bei „knack" mit beiden Händen (Handfläche nach unten) auf die Oberschenkel drükken.

Knickeknack mit dem Nüssesack?

Die Zipfelmütze wird noch einmal mit kurzer Bewegung nach vorne und zurück geführt, dann werden die Arme heruntergenommen und aufeinander gelegt, mit der rechten Hand wird der linke Arm umfasset, mit der linken Hand der rechte (wie verschränkt).

Oder:

Die Zeigefinger drücken noch mal auf die Oberschenkel und bei „knack" beide Hände. Dann die Arme verschränken (siehe oben).

Ich kann hacken,

Die linke Hand wird waagerecht mit der Handfläche nach oben gehalten, die andere Hand macht kurze hackende Bewegungen mit der Handkante auf die Handfläche.

Oder:

Der Zeigerfinger wird mit einer hackenden Bewegung auf die Handfläche geschlagen.

ich kann knacken,

Auf die Handfläche der linken Hand wird zuerst mit zusammengerollten Fingern, dann mit den zweiten Fingerknöcheln zweimal kurz und wieder lösend geklopft.
Oder:
Auf die Handfläche wird mit dem zweiten Zeigefingerknöchel zweimal kurz und wieder lösend geklopft.

kann die kleinen Nüsse knacken,

Auf die Handfläche mit dem zweiten Zeigefingerknöchel kurz und schnell klopfen.
Oder:
Mit dem zweiten Knöchelchen des kleinen Fingers kurz und schnell klopfen.

kann sie in mein Säcklein packen.

Mit der Hand, die geklopft hat, wird jetzt mit einer runden Bewegung von der anderen Handfläche etwas aufgenommen, in die Hand genommen und nach innen, unter den Arm der geöffneten Hand gesteckt.
Oder:
Mit Zeigefinger und Daumen werden die einzelnen Nüsse heruntergenommen und nach innen, unter den Arm der geöffneten Hand gesteckt.

Huckepack, huckepack

Die Arme werden etwas auseinander bewegt und, bei „hucke", werden die Hände mit einem Ruck als Fäuste zusammengeführt. Bei"pack" werden die beiden aufeinander liegenden Fäuste auf den Schoß gedrückt und leicht gehoben. Beim zweiten „hucke" werden die beiden Fäuste zur rechten Schulter gehoben, bei „pack" liegen die Fäuste mit einem Ruck auf der rechten Schulter.

Knickknack mit dem Nüssesack.

Aufgreifen der Bewegung vom Anfang.
Oder: Nur mit den Zeigefingern auf die Oberschenkel drücken und zurückfedern und bei „knack" mit den Handflächen auf die Oberschenkel drükken. Danach werden die Arme wieder verschränkt.

Umsetzung verwandter Worte in Bewegung

Drei Gedichte, in denen die Worte **„Tür"** oder **„Tor"** oder beide zusammen vorkommen:

Öffnet Gott ein kleines **Tor**
das die Sonne guckt hervor.
Sonne, komm doch
lass nicht auf dich warten,
weil sonst meine Blümelein
erfrier´ n in unserm Garten.
Aus Ungarn

Ich frag die Maus:
Wo ist dein Haus?
Die Maus darauf erwidert mir:
Sag´s nicht der Katz, so sag ich´s dir.
Treppauf,
treppab,
erst rechts,
dann links,
dann wieder rechts
und dann gradaus –
Das ist mein Haus,
du wirst es schon erblicken!
Die **Tür** ist klein,
und trittst du ein,
vergiss nicht, dich zu bücken.
Johannes Trojan

Durch die **Türe**, durch das **Tor**,
Durch das große **Himmelstor**
tritt der helle Mond hervor,
deutet mit dem Silbestab
in das Erdental hinab.
Und es läutet jedes Ding,
wenn er deutet
klang und kling.
Alfred Baur

Tor und Tür brauchen differenzierte Bewegungsformen, damit die unterschiedlichen Wortaussagen jeweils zum Bild werden können.

Welche Möglichkeiten fallen uns ein?
Tor *hat eine geöffnete, weite, nach oben runde Bewegung, durch die etwas durchströmen kann.*

Tür *braucht eine kleine Bewegung, die die Öffnung selbst herstellen kann, z.B. bei einem Fingerspiel oder im rhythmischen Reigen, indem die Hände mit den Handflächen nach innen vor das Gesicht gehalten werden und sich dann nach außen drehen.*
Entsprechend kann die geschlossene Tür auch durch Ellbogen und Hände gestaltet werden.

Fingerspiele mit Fingerpuppen

Kasper und Gretel

Auf dem rechten Zeigefinger sitzt die Fingerpuppe Gretel,
auf dem linken Zeigefinger sitzt die Fingerpuppe Kasper:

Gretel wo bist du?
Da, da, da bin ich!
Gretel willst du tanzen?
Ja, ja, ja, das will ich!
Komm, wir tanzen Ringelrein,
Ringelrein das ist fein.
Eine Polka hopp hopp hopp
tanzen wir schon im Galopp.
Hopp hopp hopp, Ringelrein
und nach dem Tanzen gehen wir Heim.

Anregung:
Die Gretel kommt zum Kasper und die Gretel hüpft bei „da, da, da“ dreimal kurz in die Höhe. Der Kasper geht auf die Gretel zu und fragt sie. Sie geht zum Kasper und beide springen zusammen hoch. Bei „Ringelrein“ drehen sich die Fingerpuppen umeinander. Bei der Polka gehen die Fingerpuppen auseinander und bei „hopp...“ hüpft die Gretel nach rechts und der Kaper nach links. Bei den letzten zwei Versen tanzen die beiden zusammen, einmal nach rechts und einmal nach links - dann gehen die Fingerpuppen fort.
Eine freudige, erwartungsvolle Stimmung entsteht, wenn Kasper und Gretel aus einem Tuch, aus einer Schachtel steigen und dann auf die Zeigefinger gesetzt werden.

Pferd und Esel

Es wiehert das Pferd i i i
es schreit der Esel i-a, i-a, i-a
nun sind wir beide da.
Trapp trapp trapp,
das Pferdchen läuft den Weg hinab
Trip trippel trip,
der Esel läuft ein ganzes Stück.
Sie laufen zusammen in den Stall
Denn das Futter kommt ja bald.

Anregung:
Auf einem Zeigefinger sitzt der „Esel“ und auf dem andern Zeigefinger das „Pferd“, beide als Fingerpuppen.
Es werden nach dem Spruch die Gesten, Gebärden und Bewegungen gestaltet. Auch hier können die beiden Tiere zu Beginn aus einer Schachtel oder Dose herauskommen und nachher wieder zurückgelegt werden.

Die Fingerpuppen können den Kindern im Kindergarten zur Verfügung stehen. Damit jedes Kind einmal mit den Fingerpuppen spielen darf, zählt die Kindergärtnerin aus, welches Kind mit dem Fingerpuppenspiel beginnen darf. Am nächsten Tag wird wieder ausgezählt usw., bis alle Kinder einmal das Fingerspiel gestaltet und mitgesprochen haben. Die Kindergärtnerin selbst spricht und gestaltet jedes Mal so leise mit, dass die Bewegungen der Kinder gut wahrgenommen und das Sprechen gut verstanden werden kann.

Puppenspiel

Puppenspiele mit Finger- oder Stehpuppen können auf dem Schoß, dem Hocker, der Bank oder auf dem Tisch gespielt werden. Mehr Raum brauchen Puppenspiele mit Marionetten.

Bei der Gestaltung ist es wichtig, dass Bewegungen, Gesten und Gebärden von der Sprache inspiriert werden und ihr dann Ausdruck verleihen. Daher sucht man zuerst die passenden Bewegungen und nimmt dann die Sprache hinzu.

Beispiel:

Dort schlummert der Riese, er schlummert in Ruh'.
Wir gehen auf Zehen ganz leis auf ihn zu.
Wir zupfen ihn da, wir zupfen ihn dort,
doch wenn er sich rührt, husch springen wir fort.
Nun schüttelt der Riese den zottigen Schopf
und reckt sich und streckt sich und hebt seinen Kopf,
da kitzelt ein fürwitzig Strählchen ihn sacht,
und da hat der Riese „hapitscha" gemacht.

Marianne Garff

Anregung:

Dort schlummert ein Riese, er schlummert in Ruh'.

Der Riese kann aus einem großen Tuch mit einem Knoten als Kopf gestaltet werden. Er liegt auf einer grünen Wiese (grünes Tuch mit Klötzen darunter als Gebirge) und schläft. Mit beiden Händen wird auf den Riesen gezeigt.

Wir gehen auf Zehen ganz leis auf ihn zu.
Wir zupfen ihn da, wir zupfen ihn dort,

Zwei Wichte kommen hinter dem Gebirge hervor und werden langsam, sacht an den Riesen herangeführt. Mit schnellen, zurückzuckenden Bewegungen zupfen die Wichte den Riesen. Der eine Wicht da, der andere dort. Die Wichte werden an dem Gebirge abgesetzt.

Doch wenn er sich rührt,

Der Riese wird am „Kopf" langsam gehoben.

husch springen wir fort.

Der eine Wicht versteckt sich bei „husch“ schnell hinter dem Gebirge bei, der andere Wicht springt und versteckt sich bei „springen wir fort“.

Nun schüttelt der Riese den zottigen Schopf

Der Kopf des Riesen wird gehoben und langsam hin und her geschüttelt.

und reckt sich und streckt sich und hebt seinen Kopf,

Der Riese wird vom „Kopf“ aus abwärts bewegt, mit Reck- und Streckbewegungen, dann wird der Kopf des Riesen gehoben und die Gestalt aufgerichtet.

da kitzelt ein fürwitzig Strählchen ihn sacht,

Mit dem freien Zeigefinger und Mittelfinger der anderen Hand wird auf der Nase des Riesen sachte, leicht und schnell gekitzelt.

und da hat der Riese „hapitscha" gemacht.

Der Kopf des Riesen wird etwas nach hinten gebeugt bis „Ha“ und bei „pitscha“ mit Ruck nach vorne bewegt. Der Kopf des Riesen hebt sich langsam, dann wird der Riese langsam wieder ins Gras gelegt.

Für den Anfang und das Ende eines Puppenspiels eignen sich Tücher, die die Landschaft mit den Gestalten zudecken. Das Tuch wird am Anfang mit einem Lied abgenommen und am Ende wieder mit einem Lied drübergelegt. Bei den Kindern entsteht durch das Auf- und Abdecken Erwartung, Spannung und Lösung bis in den Atem hinein.

Anhang 2

Sprachbaum

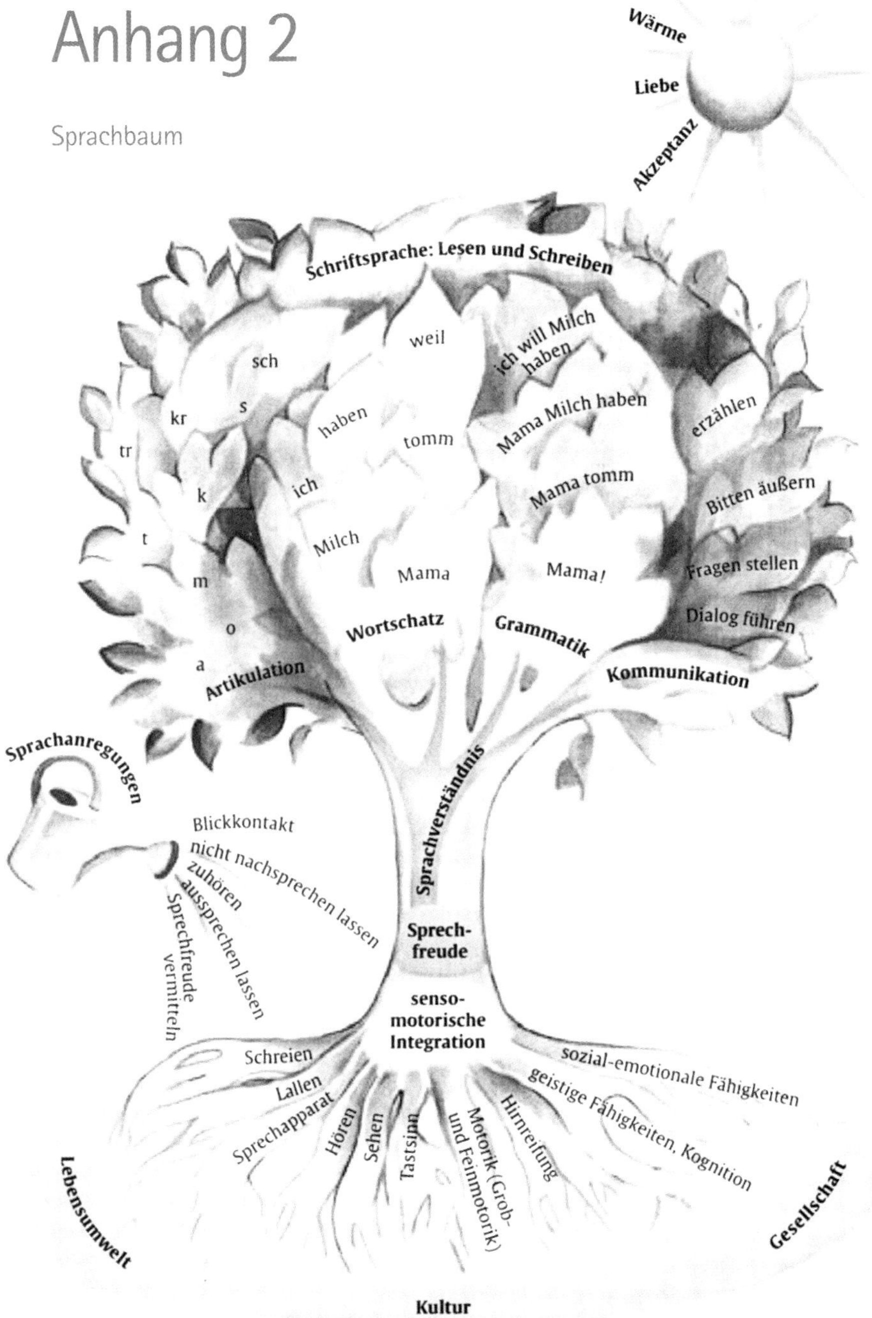

Anhang 3

Sprachpyramide

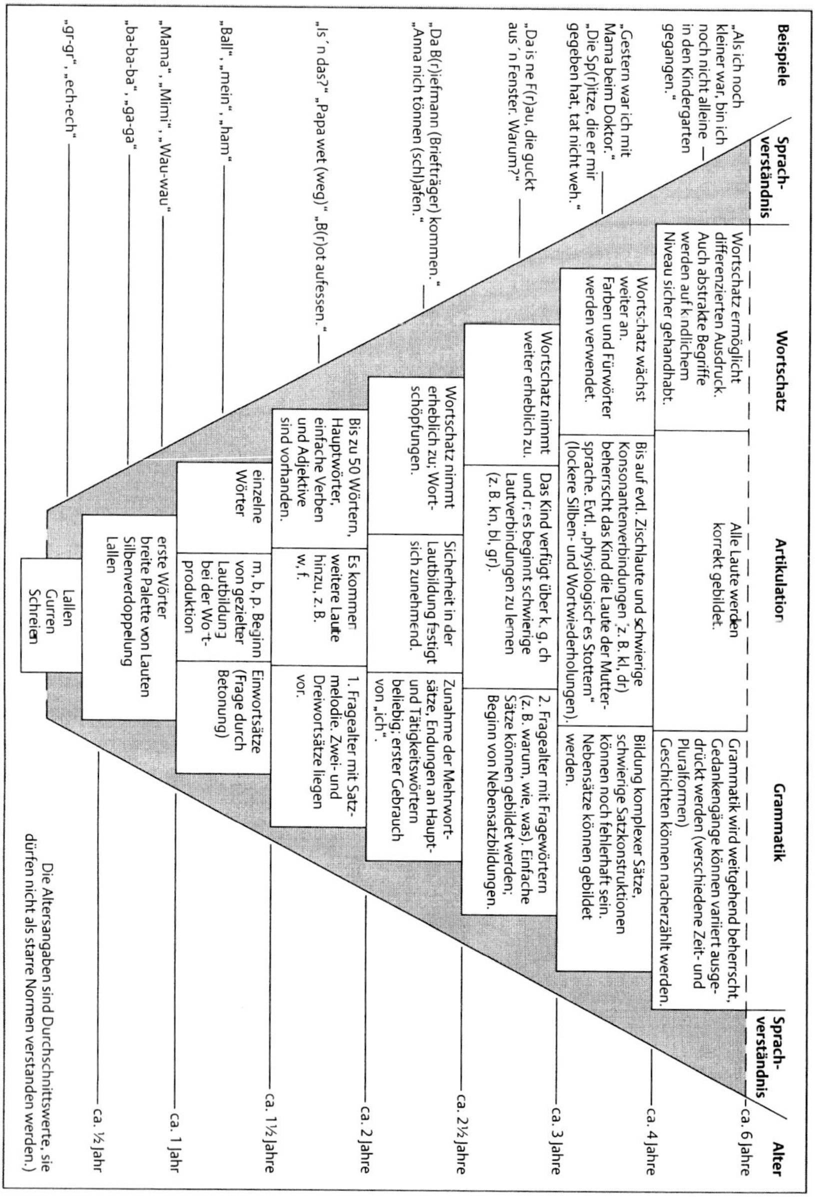

Anhang 4

Artikulationsübungen zur Kollegiums- und Elternarbeit

Erste Artikulationsstelle : die Lippenlaute

B Bim Berner Bäregrabe
bättled d,Bäre Bire
bim Bärewärter.
(Schweitzer Deutsch)

PF Pfeife pfiffige Pfeifferpfiffe

PF Unser alter Ofentopfdeckel tröpfelt.

M Allmächtige Mutter der Menschen
gib Mut mir und Milde,
um allmählich zu mehren,
das menschliche Maß.

F Fünf flinke Fische
fraßen fünf faulen Fischen
fünf fette Fliegen fort.

Sprühe Funke, flamme Feuer
Flackre Feuer, Muspelglut.

FR Fröhlich frohe Friesenfrau friert im Frost.

W Wir Wiener Waschweiber
würden wohl weiße Wäsche waschen,
wenn wir wüssten,
wo warmes, weiches Wasser wär.

Da wallen und wogen die Wipfel des Waldes,
wenn Winde durchwehen die Weiten der Welt.

Zweite Artikulationsstelle: die Zahn-Zungenlaute

N Nein, niemand nimmt Nüss!

D Der, die und das,
das, da und dort,
drunten und droben.

T Tand auf dem Teller,
Teller auf dem Tisch,
Tisch vor dem Tor,
Tor unterm Turm.

Halt mit auf Schritt und Tritt!

L Lichte Locken
in leichten Lüften;
lauschige Lauben
im lieblichen Land.

R Rauschende Reden rollten im Raume.

Reihe reihen reich
Rasch Reis reif

S Im Sommer such ich die Sonne im Süden

Sieh silberne Segel auf fließendem Wasser

Z Du zweifelst, du zürnest, du zerreissest zornig.
Zweifle nicht, zürne nicht, zerreisse nicht zornig.

ST Bemoost wächst nächst dem Strom ein Stamm,
feststämmig stolz strebt sein Geäst
stromwärts und weist nach Ost und West.

ZT Jetzt wetzt der Letzt',
Gehetzt entsetzt
Des Messers flitz'ge Spitz'!
Erhitzt, geritzt-
Von Schmerz zersetzt-,
Reizt's Herz des Streites Hitz!

Dritte Artikulationsstelle: die Gaumenlaute

J Juhe! Juhei! Juheirassa!
Jubelnd und jauchzend im Jänner des Jahres!

CH Auch ich weich nicht
Solch frechem Wicht!

Joch und Schmach
Fluch der Nacht
Hab Acht!
Bleib wach!

H Halt! Hebe hurtig hohe Humpen!

Hinter Hermann Hannes Haus
hängen hundert Hemden raus,
hundert Hemden hängen raus
hinter Hermann Hannes Haus.

Ha he hi ho hu *(lachen auf einem freigewählten Vokal)*

G gidi gadi gaudi
Geisskoffee
gidi gadi gaudi
wett no meh
gidi gadi gaudi
Sunntigsschue
gidi gadi gaudi
Jetzt isch gnue
(Schweitzer Deutsch)

G/K Ganz kurze krumme Christbäume kann man kaufen

Bepackt mit Rucksack,
geneckt im Zickzack-
blick nur keck zurück,
trink 'nen Schluck dem Glück!
Denk, was drückt und zwickt,
Schicksals Tücke schickt!

K/T/PF Ich steck mein' Kopf in 'nen kupfernen Topf
In 'nen kupfernen Topf steck ich mein' Kopf

Literatur

Aschenbrenner, Michael
Das Doppelantlitz der Sprache - Ihr Verfall und ihre Wiedergeburt, Verlag Die Kommenden, 1973

Aschenbrenner, Michael
Die Sprache als Kunstwerk - Von der Bildkraft der Konsonanten, Novalis Verlag, 1975

Auer, Wolfgang-M.
Sinnes-Welten. Die Sinne entwickeln, Wahrnehmung schulen, mit Freude lernen, Kösel-Verlag, 2007

Baur, Alfred
Das Fingertheater - Spiele für Kinder von drei bis neun Jahren, Novalis Verlag, 1974

Baur, Alfred
fließend sprechen - Sprachspiele für Kinder von vier bis zwölf Jahren, Novalis Verlag, 1979

Baur, Alfred
Bli-bla-blu, J. Ch. Mellinger Verlag, 1984

Baur, Alfred
Sprachspiele für Kinder - Eine heitere Hilfe zu richtigem Reden, J. Ch. Mellinger Verlag, 1985

Baur, Alfred
Lautlehre und Logoswirken - Grundlagen der Chirophonetik, J. Ch. Mellinger Verlag, 1989

Beller, Kuno (Hrsg.)
Erzieherqualifizierung zur Erhöhung des sprachlichen Anregungsniveaus in Tageseinrichtungen für Kinder - Eine Interventionsstudie, Freie Universität Berlin, 2006

Bockemühl, Birgit (Hrsg.)
Zum Thema Sprache - Festschrift für Friedrich Genz, Pädagogisch Soziales Zentrum Dortmund, 2006

Brüll, Dieter
Der anthroposophische Sozialimpuls - ein Versuch seiner Erfassung (In: Einführung in anthroposophische Themen, Band 2), Novalis Verlag, 1984

Buber, Martin
Ich und Du, Verlag Lambert Schneider, 1983

Bühler, Ernst/Lobek, Margit
Scheine, Sonne scheine, Verlag Paul Haupt Bern. Wien Freies Geistesleben, Stuttgart 1992

Chomsky, Noam
Sprache und Geist, Suhrkamp Verlag, 1973.

Christensen, Inger
Die Seide, der Raum, die Sprache, das Herz. Vortrag am 18.09.92 im Rahmen der „Literaturdialoge" in Goslar.

Diestel, Hedwig
Verse für pädagogische Eurythmie, Verlag die Pforte Basel, 1998

Diestel, Hedwig
Kindertag, Verlag Freies Geistesleben, 1974

Diestel, Hedwig
Verse für die Eurythmie im Vorschulalter, Verlag die Pforte, 1999

Dittmann, Jürgen
Der Spracherwerb des Kindes-Verlauf und Störungen,
Verlag C. H. Beck, 2006

Dühnfort, Erika
Der Sprachbau als Kunstwerk - Grammatik im Rahmen der Waldorfpädagogik,
Freies Geistesleben, 1980.

Ellersiek, Wilma
Berührungs- und Handgestenspiele, Verlag Freies Geistesleben, 2001

Ellersiek, Wilma
Handgestenspiele, Reigen und Lieder, Sommer,
Verlag Freies Geistesleben, 2002

Ellersiek, Wilma
Handgestenspiele, Reigen und Lieder, Herbst/Winter,
Verlag Freies Geistesleben, 2002

Ellersiek, Wilma
Die tanzende, spielende Hand,
Verlag Freies Geistesleben, 2004

Ellersiek, Wilma
Wer schleicht heran mit leiser Tatz,
Verlag Freies Geistesleben, 2005

Enzensberger, Hans Magnus (Hrsg.)
Allerleirauh - Viele schöne Kinderreime,
Suhrkamp Verlag, 1969

Erziehungskunst - Zeitschrift zur Pädagogik Rudolf Steiners:
Sprache, Sprechen, Sprache gestalten, Sonderheft,
Freies Geistesleben, Januar 2007

Garff, Marianne
Es plaudert der Bach- Gedichte für Kinder, Verlag Die Pforte, 1976

Guggenmos, Josef
Was denkt die Maus am Donnerstag?, dtv Junior, 1993

Guggenmos, Josef
Sonne, Mond und Luftballon - Gedichte für Kinder,
Beltz Verlag, 1991.

Hacke, Axel und Sowa, Michael
Der weiße Neger Wumbaba - Handbuch des Verhörens,
Kunstmann, 2004

Halle, Werner und Schüttler-Janikulla, Klaus
Bilder und Gedichte für Kinder,
Westermann Verlag, 1971.

Herder, Johann Gottfried
Abhandlung über den Ursprung der Sprache, Reclam, 1975.

Hofmannsthal, Hugo von (Hrsg.)
Wert und Ehre deutscher Sprache, Fischer Verlag, 1957.

Humboldt, Wilhelm von
Schriften zur Sprache,
Reclam, 1985.

Internationale Vereinigung der Waldorfkindergärten (Hrsg.)
Rhythmen und Reime,
Freies Geistesleben, 1979.

Jünger, Ernst
Geheimnisse der Sprache,
Verlag Vittorio Klostermann, 1963.

Kolonko, Beate
Spracherwerb im Kindergarten - Grundlagen für die sprachpädagogische Arbeit von Erzieherinnen,
Centaurus Verlag, 2001

König, Karl
Die ersten drei Jahre des Kindes, Menschenkunde und Erziehung Band 17,
Freies Geistesleben, 1978.

Krämer, Walter (Hrsg.)
Sternstunden der deutschen Sprache, IFB Verlag, 2003.

Lauer, Hans Erhard
Weltenwort und Menschensprache - Eine entwicklungsgeschichtliche Studie, Philosophisch-Anthroposophischer Verlag Dornach, 1972

Langen, Anette
Die Nadel sagt zum Luftballon, Verlag Herder Spektrum, 2004

Lenz, Friedel
Mahle, mahle, Grützchen, Verlag Die Kommenden, 1973

Limbach, Jutta (Hrsg.)
Ausgewanderte Wörter, Hueber Verlag, 2007

Lindenberg, Christoph (Hrsg.)
Sprechen und Sprache - Rudolf Steiner: Themen aus dem Gesamtwerk Band 2, Freies Geistesleben, 1980

Lobeck, Marguerite
Alle Quellen springen wieder......, Zbinden Verlag Basel, 1979

Lutzker, Peter
Der Sprachsinn - Sprachwahrnehmung als Sinnesvorgang, Freies Geistesleben, 1996

Meinerts, Eva
Aua schreit der Bauer, Verlag Bertelsmann, 1974

Merz, Vreni
Dem Kind zuhören, in: „Welt des Kindes", Nr.2/2007

Miklitz, Ingrid
Der Stille eine Chance, in: „Spezial-Kinder-Tageseinrichtungen aktuell", Carl Link DKV, Nr.2/2005

Osman, Nabil
Kleines Lexikon untergegangener Wörter, C.H. Beck Verlag, 2004

Patzlaff, Rainer
Sprachverfall und Aggression - Geistige Hintergründe der Gewalt und des Nationalsozialismus, Verlag Freies Geistesleben, 1994

Pausewang, Elfriede
Die Unzertrennlichen 1, 2, 3, Verlag Don Bosco München,1984

Petersen, Peter
Der Therapeut als Künstler, Junfern Verlag, 1989

Reiners, Ludwig
Stilfibel - Der sichere Weg zum guten Deutsch, C.H. Beck Verlag, 2001

Ritter, Heinz
Liebe Erde, Verlag Mellinger, 1966

Ritter, Heinz
Eins und Alles, Verlag Freies Geistesleben, 1979

Rosenberg, Marshall B.
Gewaltfreie Kommunikation - Aufrichtig und einfühlsam Miteinander sprechen, Junfermann Verlag, 2003

Rosenberg, Marshall B.
Erziehung, die das Leben bereichert - Gewaltfreie Kommunikation im Schulalltag, Junfermann Verlag 2005

Ruß, Johanna
Rhythmische Verse, Verlag Natura Arlesheim, 1975

Sick, Bastian
Der Dativ ist dem Genitiv sein Tod, Folge 1, Kiepenheuer und Witsch, 2004

Sick, Bastian
Der Dativ ist dem Genitiv sein Tod, Folge 2, Kiepenheuer und Witsch, 2005

Schreiber, Mathias
Deutsch for sale, In: Der Spiegel: Rettet dem Deutsch - Die Verlotterung der Sprache, Nr. 40, Hamburg, 02.10.06

Slezak-Schindler, Christa
Sprüche und Lautspiele, Schulungsstätte für Sprachgestaltung, Stuttgart 1984

Steiner, Rudolf
Wie erlangt man Erkenntnisse der höheren Welten, GA 10, Dornach, 1994

Steiner, Rudolf
Anthroposophie- Ein Fragment aus dem Jahre 1910, GA 45, Dornach, 1970

Steiner, Rudolf
Die Apokalypse des Johannes, GA 104, Dornach, 1979

Steiner Rudolf
Die soziale Grundforderung unserer Zeit, GA 186, Dornach, 1979

Steiner, Rudolf und
Steiner-von Sivers, Marie
Methodik und Wesen der Sprachgestaltung, GA 280, Dornach, 1964

Steiner, Rudolf und
Steiner-von Sivers, Marie
Sprachgestaltung und Dramatische Kunst. GA 282, Dornach, 1969

Steiner, Rudolf
Geisteswissenschaftliche Sprachbetrachtungen, GA 299, Dornach, 1970

Tittmann, Martin
Deutsche Sprachlehre der Volksschulzeit,
Freies Geistesleben, 1980

Tolle, Eckhart
Stille spricht - Wahres Sein berühren,
Goldmann Verlag, 2003

Ulich, Michaela und Mayr, Toni (Hrsg.)
Seldak - Sprachentwicklung und literacy bei deutschsprachig aufwachsenden Kindern,
Herder Verlag

Ulich, Michaela und Mayr, Toni (Hrsg.)
Sismik - Sprachverhalten und Interesse an Sprache bei Migrantenkindern in Kindertageseinrichtungen,
Herder Verlag, 2003

Wendlandt, Wolfgang
Sprachstörungen im Kindesalter - Materialien zur Früherkennung und Beratung,
Thieme Verlag, 1995